**EDITORA AFILIADA**

Dados Internacionais de Catalogação na Publicação (CIP)
(Câmara Brasileira do Livro, SP, Brasil)

Siegel, Bernie S.
Viver bem apesar de tudo : desfrutando a vida durante o tratamento / Bernie S. Siegel ; [ tradução Dinah de Abreu Azevedo ] . — São Paulo : Summus, 1998.

Título original: How to live between office visits.
Bibliografia.
ISBN 85-323-0586-5

1. Doentes — Aspectos psicológicos 2. Doentes em fase terminal — Aspectos psicológicos 3. Doentes — Vida religiosa 4. Doentes em fase terminal — Vida religiosa I. Título.

97-1278

CDD-615.852

Índices para catálogo sistemático:
1 Doenças : Influências psicológicas     155.916

# VIVER BEM
# APESAR DE TUDO

## Desfrutando a vida durante o tratamento

# BERNIE SIEGEL

summus editorial

Do original em língua inglesa
*HOW TO LIVE BETWEEN OFFICE VISITS: a Guide to Life, Love and Health.*
Copyright © 1989 by Bernie S. Siegel

*Tradução:*
Dinah de Abreu Azevedo

*Revisão:*
Ruth Rejtman

*Capa:*
Ana Branco

Proibida a reprodução total ou parcial
deste livro, por qualquer meio e sistema,
sem o prévio consentimento da Editora.

Direitos para a língua portuguesa
adquiridos por
SUMMUS EDITORIAL LTDA.
que se reserva a propriedade desta tradução
Rua Cardoso de Almeida, 1287
05013-001 — São Paulo, SP
Telefone (011) 3872-3322
Caixa Postal 62.505 — CEP 01214-970
http://www.summus.com.br
e-mail: editor@summus.com.br

Impresso no Brasil

# Sumário

Introdução *Um Guia de Vida, Amor e Saúde* ................. 11

1. Socorro, O Que Faço Agora? ...................................... 19

2. O Amor Pelos Outros: Abra o Coração ....................... 47

3. Cure a Si Mesmo: Uma Série de Medidas Caseiras
Para Você se Recuperar ........................................... 66

4. Explore seu Espaço Interior: Corpo, Mente e Espírito ... 86

5. Ajude os Outros: Sempre Há um Jeito ........................ 103

6. "Em Nome do Amor": as Profissões da Saúde ............ 117

7. Reflexões: Espiritualidade, Religião e Saúde .............. 144

8. A Ponte: Desprendimento e Paz ............................... 163

Uma Conclusão Feliz ................................................ 182

*Agora, portanto, permanecem essas três coisas,*
*a fé, a esperança e o amor.*
*mas o amor é a maior.*

I CORÍNTIOS 13:13

*Para a pessoa e para as espécies, o amor é a atitude que tem o maior*
*valor de sobrevivência.*

ASHLEY MONTAGU

*A nossos entes queridos que já partiram, mas que permanecem conosco em espírito.*

*Ao meu pai, Simon B. Siegel, que me ensinou que estamos aqui para tornar nossa vida mais fácil, e que a adversidade é uma dádiva.*

*Ao meu sogro, Adolph L. Stern, que me ensinou a ter senso de humor e coragem, mesmo aprisionado num corpo paralítico.*
*Seus conselhos para os mais velhos:*
*Se tiver de cair, procure cair no macio.*
*O que fiz certa vez — caí sobre minha mulher e quebrei-lhe a perna.*
*Portanto, não adiantou nada.*
*O negócio é cair para o alto.*

*Acredito que ambos caíram para o alto.*

*Aos que ainda não desistiram de mim:*
*Meu Criador e Co-Criadores.*

*A minha mãe, Rose, que me instruiu a respeito da sobrevivência e dos redirecionamentos de Deus.*
*A minha mulher, Bobbie, o ser humano contemporâneo mais importante de minha vida, e o computador mais atraente e carinhoso que conheço.*

*A minha sogra, Merle e*
*Aos meus filhos Jonathan, Jeffrey, Stephen, Carolyn, Keith e seus entes queridos, Judy, Marcia e Roy, por me ajudarem a aprender mais sobre o amor.*

*Às três mosqueteiras que ajudaram a dar à luz este livro:*
*Sally Arteseros, que me auxiliou em sua concepção e criação;*
*Victoria Pryor, minha agente, e muito mais;*
*Carol Cohen, minha editora na HarperCollins, e muito mais;*
*Obrigado a todas vocês por seu talento, paciência e sabedoria.*

*A Lucille Banciato, a Susan Duffy e a todas as pessoas que participaram de minha vida. Gostaria que houvesse espaço para citar todos os nomes. Quero que saibam que fizeram muita diferença para mim. São todas obras de arte que me inspiram.*

*Uma casca de ferida*
*é uma coisa linda — uma moeda*
*que o corpo cunhou, com um lema invisível:*
*Fé em Deus.*
*O corpo nos ama*
*e, mesmo quando o espírito anda à deriva nos sonhos,*
*trabalha no conserto de nossos estragos...*

*Feche os olhos, sabendo*
*que a cura é obra da treva,*
*que a treva é um véu da saúde,*
*que o barco de nossa trêmula aventura ergue-se*
*em ondas que não controlamos.*
*A fé é uma exigência da vida:*
*temos esse fato in lieu*
*de prova melhor de le bon Dieu.*

*"Ode à cura"*

John Updike

# Introdução
## *Um Guia de Vida, Amor e Saúde*

Num dia do outono de 1977, eu estava participando de um *workshop*. A meu lado estava sentada uma paciente minha, com câncer de mama. De repente, ela se virou para mim e perguntou: "Você sabe do que preciso? Preciso saber como viver entre as consultas médicas".

Eu tinha vindo ao *workshop* por causa das dificuldades que estava tendo como médico por não saber, em virtude de minha formação inadequada, tratar meus pacientes como gente. Como muitos médicos, construíra muros à minha volta para me proteger do sofrimento emocional que presenciava. Minha formação dizia respeito ao tratamento de doenças. E quando você começa a perceber que não consegue curar todas as doenças, começa a sentir-se fracassado.

Agora sei que ensinamos o que precisamos aprender. Quando essa senhora falou comigo, tive a certeza de ter sentido também necessidade de aprender a viver. Por isso, pulei da cadeira ao ouvir sua pergunta e bradei: "Vou ensiná-la". Acho que uma voz interior estava me dizendo: "Eu também preciso aprender isso, podemos trabalhar juntos no problema". (Na época, pensei que nos encontraríamos e teríamos umas oito sessões e que, em dois meses, teríamos aprendido a viver. Mas aquele curso rápido estendeu-se para mais de quinze anos e ainda estou trabalhando no mesmo problema: viver.)

Mandei cartas a uma centena de pacientes convidando-os a participar de um grupo, falar sobre sua vida, fazer desenhos, aprender a conviver com sua doença. Achei que uns falariam aos outros e esperava respostas de centenas de pessoas. No entanto, apenas uma dúzia de mulheres apareceu e, desse modo, começamos com aquele grupinho (não é mera coincidência que fossem só mulheres).

Eu queria descobrir o que essas pessoas tinham de diferente. O que eu, como cirurgião, poderia aprender com elas? Como outros também poderiam aprender a se tornar "sobreviventes"? Essas mulheres estavam me mostrando o que era a vida, mostrando que eu não tinha as respostas, pois não havia enfrentado a adversidade como elas. Tinha pensado que eu as ensinaria e ajudaria, mas percebi que elas é que estavam me ajudando.

Começamos a nos encontrar regularmente e, com o passar do tempo, nossas reuniões foram evoluindo para *workshops* e conversas mais longas. Minha mulher, Bobbie, batizou o grupo: Exceptional Cancer Patientes ECaP [Pacientes Excepcionais de Câncer]. Hoje, o ECaP é fonte de inspiração e modelo de grupos de apoio no mundo todo. Temos consciência de que todos os estados patológicos são afetados por interações psicossociais. Vibro ao perceber as mudanças recentes na atitude da comunidade médica. Até nos hospitais estamos começando a humanizar nossa forma de tratar as pessoas, em vez de apenas abordar a doença de forma mecânica.

Depois de Bobbie e eu termos fundado o ECaP, começamos a viajar pelo país, proferindo conferências e dirigindo *workshops* sobre a arte de curar. Eu tinha esperanças de que meus livros *Love, medicine & miracles* e *Paz, amor e cura*, pudessem esclarecer muitas dúvidas. Mas não tinha idéia de quanto um livro pode tornar seu autor conhecido; e descobri que minha vida estava de pernas para o ar. As pessoas começaram a querer a mim, não apenas aos livros. Nas conferências e *workshops*, os participantes levantavam-se para falar e fazer muitas perguntas. Outros escreveram cartas ou telefonaram em função de suas necessidades. Às vezes, falavam comigo em momentos inoportunos, e eu nem sempre conseguia dar-lhes respostas tão satisfatórias quanto gostaria.

Escrevi este livro para dar mais respostas. Vocês têm sido meus mestres e têm-me ajudado a encontrar respostas. Algumas perguntas incluídas aqui dizem respeito a problemas universais; outras são mais específicas. A algumas, talvez nunca consiga responder; só você pode fazer isso. Quero que este livro lhe dê informações, mas quero também que seja um apoio especial, uma voz reconfortante, aquele abraço que nem sempre estou ali para dar. Vamos aprender juntos.

De início, nossos *workshops* destinavam-se a pacientes de câncer, mas se ampliaram e estão abertos a todos, pois ninguém está livre de padecimentos. Agora, também, recebemos médicos, conselheiros, estudantes, familiares de pessoas doentes, pessoas com Aids, lúpus ou esclerose múltipla. Dirijo-me àqueles que sabem que somos mortais e querem que todo dia seja maravilhoso.

Quando alguém ganha milhões na loteria, ou descobre que só tem doze meses de vida, não sabe o que fazer de sua existência. Acredito que sua resposta à pergunta sobre o que faria nos próximos doze meses é a mesma: quer tenha ganho na loteria, quer tenha descoberto que vai morrer. Então, está vivendo de verdade. Está vivendo plenamente o momento presente.

Também tenho perguntas a fazer e vou apresentar algumas questões comuns em *workshops*. Por exemplo: se ao preencher seu formulário de imposto de renda você também tivesse de preencher um requerimento pedindo licença para viver, como faria isso? (Pare e pense um minuto, porque se eu chegar a ser presidente, esse requerimento será infalivelmente incluído em seu formulário de imposto de renda. Se suas razões não nos convencerem, restituiremos seus impostos para que você tenha um bom final de ano.) Espero que seu requerimento estimule todos os que o lerem a desejarem fazer o possível para que você tenha uma vida mais longa.

Vou fazer algumas perguntas sobre o que fazer para morrer com um sorriso nos lábios, cercado de entes queridos. Meu pai fez isso. No final do livro, narro uma história, mas espero que, nesse ínterim, você pense nele e o que você faria para morrer cercado pelas pessoas que o amam e que vão contar histórias maravilhosas sobre sua vida e suas ligações afetivas.

Quero desafiá-lo, perturbá-lo e fazê-lo pensar. Quero que este livro seja uma conversa entre nós.

Às vezes penso quanto a vida seria mais fácil para todos nós se, ao nascer, trouxéssemos um livro chamado *A Guide to Life, Love and Health* [Um guia de vida, amor e saúde], que viria muito bem embalado numa sacolinha, com zíper, para protegê-lo durante a gravidez e o parto.

Seus pais leriam o livro, que lhe seria entregue quando você já tivesse aprendido a ler; os capítulos abrangeriam todos os problemas pelos quais você poderia passar durante a vida. Você sempre teria algo a que recorrer.

É claro que seria melhor não precisar de livro nenhum que o orientasse, e, sim, ter força interior e capacidade para enfrentar todos os obstáculos. Seria só consultar o próprio coração, ouvir a si mesmo, usar a própria força e a dos entes queridos e superar toda e qualquer dificuldade de maneira saudável. É isso que espero que este livro faça por você — ajude-o a ouvir a voz mais importante de todas, a sua voz interior, para descobrir o que é a verdadeira saúde.

Como descobrir a melhor maneira de viver? Como descobrir nosso caminho? Notei um tema que se repete muitíssimo nas histórias que ouço, a do cavalo que encontra seu caminho de volta ao lar quando lhe soltam as rédeas.

No mito do Graal, Parsifal, o cavaleiro, está montado em seu cavalo na parte mais sombria da floresta e solta-lhe as rédeas. Em *Yoga Journal* você lê sobre a carruagem puxada por cavalos que, guiados apenas pelo intelecto, acabam caindo numa vala; mas, quando seu lado intuitivo — aquela parte sua que conhece o caminho certo e profundo — participa, a direção de sua vida torna-se clara.

Acho que, no fundo, cada um de nós conhece o caminho. É um conhecimento intuitivo. Apesar disso, nós o ignoramos muitas vezes e não vivemos nossa própria vida, mas a que outra pessoa escolheu para nós. Mas podemos prestar atenção e descobrir o caminho que gostaríamos de tomar. Podemos continuar montados em nosso cavalo, mas soltar as rédeas.

O rumo mais importante que podemos tomar não é para o Leste ou para o Oeste, para o Norte ou para o Sul, mas para dentro de nós mesmos. Existe um caminho que leva ao coração, ao tesouro oculto, e eu gostaria que você o percorresse. Quando as pessoas tomam esse caminho, ouço-as dizer: "Tenho uma doença, mas ela não me tem".

Sempre senti que a vida e a natureza nos dão sinais quando estamos no caminho certo. Quando descobrimos nossa forma de contribuir com amor para o mundo, ficamos em harmonia com ele. Ficamos em sintonia com nossa inteligência e com nossa natureza. Vamos, portanto, descobrir a dádiva da vida.

Ouço as pessoas dizerem muitas vezes que o câncer pode ser um chamado, um novo começo. Muitas me disseram que é isso que a doença representa para elas. Escutei os pais de uma criança com câncer dizerem: "Foi uma dádiva e uma experiência positiva em nossa vida". Não estavam dizendo aos pais de crianças doentes que a enfermidade é uma dádiva, referiam-se ao que pode resultar dela.

Esther Redelsheimer, que teve de enfrentar um câncer de mama, não concordou com essa visão e escreveu-me:

Fechei bruscamente seu livro. Já lera o suficiente sobre os benefícios da doença. A minha doença era um tumor maligno na mama e eu não estava disposta a considerar nenhum de seus benefícios. Eu estava doente, não louca. Não é como ter um filho. Aqui o benefício dos enjôos, do ganho de peso e do trabalho de parto é visível. Está em seus braços, quente, lindo e miraculoso, respirando num ritmo calmo. Ter um filho é estimulante, ter um tumor, não. O tumor nos amedronta. A cirurgia, uma mastectomia dupla que sequer garante a cura, também amedronta. E, depois da cirurgia, fiquei mais fraca do que depois do parto.

Minha resposta foi um poema chamado "Nascimento", de Leslie Baer, uma mulher que também teve câncer:

Nove meses parece tempo demais.
Vejo meu corpo mudar.
Cansada, sento-me olhando a vida,
Vivo dentro de minha cabeça.
Livros e música levam-me para além do corpo.
Agita-se em mim uma nova vida.
Nove meses se passaram, enfim.
Dou à luz uma criança.
Todo desconforto e dor agora justificados.
Rádio e quimioterapia.
Doze meses parece tempo demais.
Vejo meu corpo mudar.
Sento-me olhando a vida,
Vivo dentro de minha cabeça.
Livros e música levam-me para além do corpo.
Agita-se em mim uma nova vida.
Doze meses se passaram, enfim.
Dou à luz a mim mesma.
Todo desconforto e dor agora justificados.

A vida tem as dores do parto e vale a pena quando damos à luz nós mesmos. Vejo pessoas que, num certo sentido, morreram para continuar vivas. Estou falando a respeito de tornar-se alguém que você não quer ser por causa da pressão dos pais ou de outras figuras de autoridade — você se torna médico, professor, bombeiro, dona de casa, mesmo quando o trabalho e o papel não fazem sentido para você. E, então, um belo dia, comunicam-lhe que você tem um ano de vida. Para alguns, a descoberta de que se é um ser mortal, finalmente, lhes permite viver. Assim, o professor abandona seu emprego e muda-se para uma praia, o doutor pega sua flauta, a dona de casa volta para a faculdade e o bombeiro torna-se escultor. Deixam o eu falso morrer e dão à luz seu verdadeiro ser. Você pode cometer o suicídio sem lesar o corpo. Para isso você não precisa de permissão. Todos somos mortais. Não espere até alguém lhe dizer que você está com câncer ou Aids. Comece a viver. Programe para si mesmo uma nova data de nascimento.

Então, o processo psicológico e espiritual de cura pode começar a acontecer e fazer-se acompanhar de recuperação física. A mudança física é o subproduto de dar à luz a si mesmo, livre das doenças do passado. Não fique com raiva de si mesmo, nem se culpe pelas formas que utilizou para sobreviver e satisfazer suas necessidades. Todos os sintomas são dignos. Redirecionam. Jogam para cima. O passado acabou.

É interessante que Esther Redelsheimer que, zangada, começou questionando os benefícios de uma doença, tenha concluído sua carta dizendo-me que sua vida tomara novo rumo:

> Independentemente do que faço — trabalho voluntário, jardinagem ou algo especial como ir a um concerto — cada dia me oferece significado e oportunidades. Resolvi descobrir o significado e aproveitar as oportunidades. Minha visão das coisas é contagiante e parece que meu marido foi contaminado. Gostaria de não ter de admitir isso, pois devia ter celebrado a vida antes de ter câncer. Mas minha felicidade recente, assim como a de meu marido, são benefícios da doença.
>
> Já que estou confessando os benefícios, tenho de acrescentar que não passo mais a ferro as camisas dele. Quando estava no hospital, descobri que era mais fácil e até melhor mandá las para a lavanderia. E, desde minha cirurgia de reconstituição, posso andar sem sutiã, se quiser — o que faço às vezes. Estou bem agora. No entanto, se ficar doente outra vez, não vou querer falar dos benefícios.

Sei que o ambiente e a hereditariedade exercem seu papel em nossa capacidade de viver plenamente, assim como termos saúde. Sei que você pode ter nascido com uma doença ou pode ter sido exposto a um ambiente prejudicial. Mas estamos falando a respeito de suas opções para refazer sua vida. Assim, os paraplégicos aprisionados em seu corpo podem viver uma existência tão plena quanto os epilépticos ou os que sofrem de paralisia cerebral; da mesma forma os presidiários, os cancerosos, os aidéticos, ou os que sofrem de qualquer outra doença podem dar sentido a sua vida e à de todos os que estão à sua volta.

Conheci um artista, tetraplégico, que pintava com a boca e criava beleza e amor. Conheço uma pessoa com paralisia cerebral que não consegue controlar nenhuma parte de seu corpo. Ela é capaz de escrever uma carta se for amarrada a uma cadeira, de forma a não babar, não cair e não martelar seu computador. Ela digita com o nariz. Ela me enviou um cartão de Natal com os seguintes dizeres: "Vamos passar o Natal pedindo o auxílio de Jesus para pessoas menos felizes do que nós".

A inspiração não surge porque os sofrimentos dessas pessoas fazem os nossos parecerem menos graves; ela surge porque estão nos ensinando. Não se trata de saber quem tem a pior doença — todos temos problemas; podemos nos inspirar uns nos outros e enfrentá-los.

Em um dos episódios de *Os intocáveis*, Eliot Ness captura um gângster paraplégico que anda numa cadeira de rodas. Ness lhe pergunta por que ele se tornou um criminoso e o gângster responde: "Sou deficiente. De que forma poderia ganhar a vida? Tive de me tornar um bandido. O que mais poderia fazer?" Ness puxa do bolso um jornal que noticia-va a eleição de Franklin Delano Roosevelt para a presidência. Há um retrato de Roosevelt numa cadeira de rodas, que ele mostra ao gângster, dizendo: "Bem, você poderia ter-se candidatado à presidência".

Temos tanto medo de correr riscos, de não sermos nada, que alguns preferem realmente se matar a viver sua vida. Há pouco tempo, fui a uma conferência chamada "O infinito humano". Acho que estamos apenas começando a nos abrir e entender que, para os seres humanos, a questão não é de limites, mas de possibilidades.

Sim, temos de estar dispostos a correr riscos. Um homem disse-me que estava pensando em escrever um livro sob o título *Segunda vida*, a respeito do que as pessoas fizeram por causa de um câncer, de uma doença cardíaca ou de uma tragédia que se abateu sobre elas. Mas não quero que as pessoas precisem de uma segunda vida; gostaria que você vivesse esta, de agora.

A vida é uma oportunidade para você contribuir com amor, mas do seu jeito. Eu gostaria que você descobrisse a força que tem dentro de si para ser utilizada. Depois, use essa força e energia, e viva plenamente. Você vai perceber que você é uma esfera cujo centro está em toda parte, e cuja circunferência não está em lugar algum. Assim como um pensamento afeta todo o seu corpo, você também afeta todas as outras pessoas quando sofre uma transformação. Portanto, dê à luz a si mesmo e comece sua vida. Deixe o rio de sua vida fluir livre e profundamente; deixe que as pedrinhas de seu amor caiam na água e criem ondulações que nos envolvam a todos.

# 1
# Socorro, O Que Faço Agora?

*Essa é a verdadeira felicidade; ser usado para um objetivo que você considera fundamental: ser inteiramente consumido antes que o joguem na lata de lixo...*
George Bernard Shaw
Epístola dedicatória a *Homem e super-homem*

*Não quero ser salvo. Quero ser consumido.*
Fritz Perls
Fundador da Gestalt-terapia

# Somos Todos Imperfeitos, Graças a Deus

Recebo muitas cartas que terminam com as palavras: "Socorro, o que faço agora?" Às vezes, essa pergunta é feita por pessoas doentes ou por gente que se curou e está se perguntando o que fazer da vida. Uma mulher escreveu para mim dizendo:

Muitas vezes me disseram que eu não tinha muito tempo de vida. Quando estive muito doente, achei que poderiam ter razão. Assim, fiz um testamento, dei todos os meus preciosos tesouros para familiares e amigos, comprei um cachorro, tomei mais vitaminas, comecei a fazer exercícios, a comer melhor, a rir mais e acabei fazendo uma pequena criação de bichos no quintal, o maior desejo de minha vida.

Sobrevivi, e agora vou me matar por não conseguir ficar parada. Socorro, o que faço agora?

É fácil ajudar pessoas assim. Posso dar-lhes uma receita: "Tire uma soneca". Estão vivendo plenamente, estão acesas e não se extinguindo. Estão consumindo sua vida.

Quando você está aceso, está vivendo de verdade; tirar uma soneca ou umas férias são coisas que lhe darão energia e força para continuar seguindo em frente. Mas extinguir-se é algo que o repouso não cura. Extinguir-se significa utilizar mal a si mesmo e ao morrer deixar um pedaço muito grande de sua vela no castiçal. Significa nunca ter vivido plenamente.

Muita gente sofre de maneira indescritível. São pessoas oprimidas pelas dificuldades e aparente injustiça da vida. Perderam seu poder. Assim, quando é publicado um livro que descreve as várias formas de suicídio, torna-se um *best-seller*. Mas se você recuperar seu poder, resgatará sua vida e sua morte, e não precisará mais ter medo. Como recuperar esse poder? Essa é uma pergunta que, espero, possamos explorar juntos.

Sei que parte da resposta está em entender que não precisamos ser perfeitos.

No livro *Tales of the Hasidim* (Histórias de Hassidim), de Martin Buber, há uma história que diz que devemos andar com um cartão no bolso com os seguintes dizeres: "O mundo foi criado por minha causa". E, num outro bolso, um outro cartão dizendo: "Sou terra e cinza". As duas frases são verdadeiras. Juntas, dizem que somos imperfeitos, graças a Deus. Você pode colocar a mão no bolso apropriado para cada dia.

Gosto de me lembrar dessas frases, pois o que importa é o processo de viver. Todos nós lutamos — não pelo produto, nem pelo resultado. Na verdade, podemos dizer que o processo *é* o produto — é isso que significa viver realmente. Criar seu filho, cuidar do jardim, dirigir, acio-nar o elevador, amar o mundo do seu jeito — essas são as coisas significativas, não o relógio de ouro que você recebe ao se aposentar, ou o diploma. É a experiência de viver que importa, não a busca de um sentido. Damos sentido à vida pela forma de amar o mundo.

Nunca somos produtos acabados. E quando entendemos que não precisamos ser perfeitos, podemos mostrar nossa vulnerabilidade e pedir ajuda. Podemos mudar de idéia a respeito do que significa ser "independente".

## O Verdadeiro Significado de Independência

Muitos de nós somos levados a pensar que temos de resolver os problemas sozinhos, dar a impressão de sermos corajosos e fortes. Mas se você acha que tentar tudo isso lhe dá independência, está errado. O resultado dessa atitude é você ficar exausto e vulnerável à doença, além de levá-lo a ficar ressentido com o mundo. Você acaba com poucas relações afetivas de verdade, e com pouco apoio.

Ser independente não significa que você não precise de outras pessoas em sua vida. Independência significa você conhecer sua capacidade de enfrentar a adversidade, assim como expressar sentimentos, pedir ajuda quando necessário, aprender a compartilhar suas necessidades. Significa desenvolver-se e tornar-se um ser humano inteiro e completo, no sentido mais saudável possível da palavra.

Quando nos perguntamos: "Sou fraco e vulnerável se pedir ajuda ou mesmo orientação quando me sinto perdido?" Minha mulher, Bobbie, tem uma "tirada" que sempre arranca gargalhadas estrondosas em nossos *workshops*, em especial das mulheres. Ela pergunta: "Por que as tribos de Israel vagaram pelo deserto durante quarenta anos?". A resposta: "Porque, mesmo naquela época, os homens não pediam orientação". Mas podemos começar a entender e pedir ajuda.

O dr. Walter Menninger, um amigo meu na faculdade de Medicina, escreveu um artigo chamado "O Imperativo da Saúde Mental: Aprendendo com a Adversidade", onde afirma: "Reconheça que todos têm seus limites... e aprenda a interpretar os indícios de estar perto de seus limites, ou de já ter ido além deles. E sinta-se à vontade para pedir ajuda quando já os tiver ultrapassado".

Se sua família não lhe ensinou isso, talvez seja difícil estabelecer uma nova série de padrões de comportamento e estender a mão.

O reverendo William Chidester, um ministro das minhas relações, passou a vida toda se doando. Vi isso acontecer muitas vezes, com pessoas das mais diversas profissões. Mas quando ele ficou doente, descobriu quanto amor voltava para ele. Ele e sua mulher tinham cuidado de nossos filhos em nossa casa de Connecticut, no início dos anos 70. Depois, mudaram-se para Ohio. Ele teve uma doença do fígado para a qual não havia qualquer tratamento ou cura específica, exceto um transplante, quando a função hepática se deteriorasse. Ele não apresentou sintoma algum durante muitos anos e trabalhava na área de saúde com técnicas de autotratamento aprendidas em livros, as quais incluíam meditação e visualização. Escreveu-me para dizer que, desde o começo, ele e sua mulher Sharon:

...resolvemos ser ativos e positivos em relação a todos os aspectos da doença. Fizemos um bocado de perguntas. Exercitei-me o máximo que pude. Sentimos que um transplante seria a coisa certa a fazer e que ia funcionar. No hospital, tomei uma decisão que me ajudou a eliminar muita culpa. Decidi fazer tudo quanto pudesse e, se houvesse rejeição, aí estava algo que fugia ao meu controle. Estava dirigindo os aspectos espirituais, psicológicos e físicos de minha recuperação, mas não podia forçar meu corpo a não rejeitar o fígado.

Não tenho palavras para descrever o apoio que recebi dos amigos enquanto estive no hospital. O que me impressionou de uma forma que jamais poderei esquecer foi isso — como ministro, passei grande parte de minha vida pensando nos outros e cuidando deles. Continuo fazendo isso. Portanto, ali estava eu, trabalhando de verdade para conquistar o amor, a confiança e a admiração das pessoas, sendo o melhor ministro que podia. Apesar disso, nunca era suficiente. E surgiu uma coisa que eu não conseguia fazer: controlar o meu fígado. Foi pela minha fraqueza que a graça de Deus se revelou. Por aquilo que não consigo fazer, tenho recebido mais apoio e amor dessas pessoas do que julgaria ser possível.

Sacerdotes, médicos, enfermeiras, todos os que cuidam da saúde dos outros — aliás, todos — podem aprender com essa experiência. Nossos pacientes, nossos entes queridos, nossos amigos podem ser um tesouro.

Quando você mostra sua vulnerabilidade, ajuda a si e também aos outros. Acaba descobrindo que todos à sua volta precisam de ajuda e começam a compartilhar com você certas coisas de que nunca lhe falaram antes.

Como revelar sua vulnerabilidade? Corações partidos não são visíveis; quando você anda na rua ou participa de um *workshop,* não nota ao seu redor nenhum coração partido. Mas você vê quem está com uma perna ou um braço quebrado. São coisas visíveis. Amanhã, ao sair, enrole uma atadura no pescoço, manque, use uma bengala e veja o que as pessoas fazem por você e como se relacionam com você.

Vi isso no hospital quando raspei a cabeça. Aqueles que leram meus livros anteriores sabem o que me levou a raspar a cabeça. Descobri que estar com a cabeça nua como a de um bebê ou de um monge era uma forma simbólica de expor sentimentos e de renascimento espiritual. Eu me tornara diferente. As pessoas começaram a conversar comigo e dizer-me coisas das quais nunca haviam falado antes, e eu as conhecia há anos. Tornara-me vulnerável, e as pessoas se sentiam seguras em falar comigo.

Quando você abre seu coração, os outros fazem o mesmo e o ajudam. Na verdade, você fica mais independente, pois consegue aceitar ajuda e sabe que eles estarão ali quando você precisar. Saber que pode cuidar de si mesmo lhe dá independência. E faz parte da independência dizer: "Tenho recursos, tenho amigos que podem me ajudar. Não preciso recorrer à mesma pessoa ou a minha família interminavelmente". Você irá construir um círculo de pessoas que pode ajudá-lo a continuar independente, e fará o mesmo por elas.

Para algumas pessoas as relações afetivas são assustadoras. Pedi a uma mulher que descrever seu câncer e ela disse: "É um fracasso". Perguntei o que ela queria dizer com aquilo e ela respondeu: "Bem, meu corpo me deixou na mão". Então, eu lhe disse: "Não, estou querendo saber como a palavra *fracasso* se encaixa em sua vida". E ela disse: "Meus pais cometeram suicídio quando eu era criança. Devo ter sido um fracasso como filha".

É difícil relacionar-se quando se tem uma infância assim, porque ficamos com medo de que os outros nos machuquem. Essa mulher não é o tipo de pessoa que pede ajuda ou que se deixa abraçar. Mas ela modificou-se depois do câncer, e os muros desmoronaram. Ela percebeu que as outras pessoas também têm problemas, que ela poderia ajudá-los, e podia mesmo, devido a suas próprias dificuldades; assim, conseguia também aceitar ajuda.

Mas você, com certeza, não precisa do câncer para aprender essas lições.

# A Descoberta do Seu Caminho Pessoal: Como Entrar na Programação do Universo

Um homem disse-me que sentia necessidade de "ir até o fim e deixar tudo em ordem" para poder ter paz de espírito e relaxar. Sei do que ele estava falando, pois, anos atrás, eu gostava de fazer listas. Na minha profissão, posso ser chamado a qualquer momento e eu tinha listas de coisas que poderia fazer em quinze minutos caso tivesse de correr para o hospital; também tinha outras listas de coisas que poderiam ser feitas num dia de folga, quando um dos médicos que trabalham comigo estivesse de plantão. Quando a natureza de meu trabalho começou a mudar e eu me tornei mais aberto em relação a meus sentimentos, rasguei todas as listas. Por exemplo, se surge um problema no encanamento de sua casa, de repente ele entra em sua lista — você tem de tomar uma providência qualquer. Se aparecer uma goteira, você pode colocar um balde embaixo dela e deixar para resolver o problema depois. Mas você continua vivendo e não tem uma lista dirigindo sua vida. Você nunca vai parar de resolver problemas. A vida é aprender a viver sem ter tudo em ordem; aliás, quem é que sabe o que é ordem?

Em nosso carro, temos um adesivo que diz: "Tudo no universo está sujeito a mudanças, e tudo está previsto". Se você está na programação do universo, tudo está em ordem. Agora você está nos domínios de Deus, como a natureza. A natureza é caótica, mas ordeira. E seu corpo foi feito para sobreviver ao caos, às mudanças interiores de estação. Não é perfeitamente regular e organizado a todo momento.

Quando você toma conhecimento das novas teorias da Física e do caos, começa a ver um padrão corporal. Em *Chaos: making a new science,* James Gleick descreve como um organismo vivo cria uma corrente de ordem a partir do caos e da desordem à sua volta. Fomos formados para atitudes e mudanças caóticas e imprevisíveis. É na mudança que realmente florescemos. Estaríamos em apuros se tudo fosse exato o tempo todo — o clima, as batidas cardíacas ou nossa pressão sanguínea. Esse tipo de precisão seria mais ameaçador porque, se as coisas variassem, não saberíamos o que fazer com as alterações.

Os sistemas biológicos podem participar da mudança e a paz de espírito pode instalar-se sem que tudo esteja conforme o previsto. Existem coisas práticas que podem ajudá-lo a aceitar as mudanças. Por exemplo: mantenha um diário de seus sentimentos para expressar suas emoções quando nem tudo estiver sob controle. Você também pode participar de um grupo, conversar com outras pessoas que tenham os mesmos sentimentos, aprender a meditar, fazer visualizações e respirar fundo, dispondo, assim, de recursos nos momentos difíceis. Essas coisas farão você se voltar ao plano do universo e poderão ajudá-lo a parar de julgar tudo na base do certo ou errado.

Pode ser que um atraso lhe salve a vida, como o fato de perder um avião que caiu, ou quando você está esperando para fazer uma radiografia, o técnico se atrasa e você acaba conhecendo alguém que lhe dá conselhos valiosos sobre sua doença. Se tudo estivesse "na hora certa", talvez você jamais tivesse conhecido aquela pessoa. Lembre-se de que os ponteiros de todos os relógios do Céu foram removidos; eles indicam: "Uma, duas, três, quatro, quem se importa?"

Bobbie e eu viajamos bastante. Quando chegamos em casa e vemos que o forno ou o ar condicionado não estão funcionando, no dia seguinte procuramos alguém para consertá-los para que tudo fique em ordem antes de pegarmos o próximo avião. Isso é complicado e me aborrece, mas entendo que faz parte da vida. Não sou uma vítima. É opção minha viver assim. Você e eu sabemos que todas as coisas que nos atormentaram há dois meses parecem não ter mais a mínima importância, e que outras coisas vão acontecer (Quando as pessoas entram no céu e olham de lá para a Terra, a pergunta feita com mais freqüência é: "Por que será que eu levava aquilo tão a sério?").

Cheryl Parsons Darnell, uma texana maravilhosa, escreveu belos poemas. Seu marido mandou-me vários deles depois que ela morreu. Em um deles, "As Lições do Texas", ela fala muito a respeito de aprender a conviver com as dificuldades da existência, sua infância no Texas — chuvas, inundações, secas, tufões e ciclones —, como sobreviver a eles, e conclui com os seguintes versos:

Cresci no Texas, onde se aprende
A ter velas e lanternas à mão,
Onde se aprende a respeito do clima,
Do amor, da vida, e a resistir.

Portanto, pegue suas velas e lanternas, todos os seus recursos, todas as coisas de que precisa, e aprenda a resistir. Você não precisa agarrar-se às rédeas para agüentar o tranco.

Lembre-se de que você sobreviveu. Pense naquilo que você é capaz de fazer. Entre em contato com seus sentimentos e necessidades, participe da vida à sua moda, opte pela felicidade e tenha esperança e paz em seu íntimo — essas são as coisas que dão sentido à vida. Se você tem paz de espírito, ela vai impregnar toda a sua vida. Você pode optar por dispor desse poder, pode optar pela felicidade, e pode dizer sim e não nos momentos apropriados.

## Aprenda a Dizer Não Para o Mundo e Sim Para Você

Minha primeira reação quando alguém me pergunta se tem condições de aprender a dizer não é sugerir uma alteração na pergunta, que poderia ser: "Como dizer sim para mim e me dar valor?". Olhe-se no espelho e comece a dizer sim. Depois disso, dizer não para aquilo que você não quer vai ficar mais fácil. Não estou lhe sugerindo que seja egoísta; estou sugerindo que você faça o que quer fazer para amar o mundo e poder fazer sua contribuição.

Às vezes, as pessoas ficam surpresas quando demonstro raiva. Mas acho que dizer não, manifestar minha raiva (e não estou falando de ressentimento e ódio, estou falando da raiva simples) é saudável. Se alguém pisa no seu pé, você diz: "Desculpe-me, meu pé está debaixo do seu?". Ou diz: "Ei, você está pisando no meu pé! Tire o seu pé daí, está me machucando!"?

A raiva é uma defesa de sua singularidade e individualidade. Na Bíblia, é chamada de justa indignação. Portanto, se você não gosta da idéia de ficar com raiva, tudo bem, fique justamente indignado.

Num certo sentido, dizer não significa defender-se. Não importa que usem e abusem de você? Bem, quando a gente não vale nada, quando não temos auto-estima nem amor por nós mesmos, aí é difícil dizer não. Mas quando você pensa que você e seu tempo são importantes, pode mostrar certa raiva de alguém que está querendo usá-lo. Ele vai se surpreender. "Ah, mas você tem de ser amável". Ser uma pessoa amável não significa ser um capacho. No entanto, depois de ficar com raiva ou dizer não a alguém, ainda podemos lhe dar um abraço.

Quando falo não, não estou querendo dizer que não gosto de você. Só que agora tenho algo mais importante a fazer. É a minha vida, o meu tempo, e quero fazer deles o que bem entender. As pessoas começam a compreender que o "não" vem de um lugar diferente; não tem nada a ver com não lhes dar importância, tem a ver com eu cuidar de mim e me valorizar.

Quando os outros querem manipulá-lo, você tem de se impor. Você pode achar mais fácil e mais seguro ficar doente porque, então, os outros vão ficar com pena, e você poderá controlá-los e dizer não, sem se sentir culpado. Posso garantir que estar morto torna as coisas mais fáceis ainda. Aí ninguém mais vai aborrecê-lo. Mas que oportunidade você atirou pela janela! Há formas mais saudáveis do que usar uma doença ou tirar uma licença médica para conseguir o que você quer.

Dizer não transmite a mensagem: "Estou vivendo minha vida". Não espere até ter apenas dez minutos de vida para dizer isso pela primeira vez.

Se você costuma colocar as necessidades dos outros antes das suas para conseguir sobreviver, vai ser duro aprender a dizer não. As crianças de dois anos de idade dizem não o tempo todo. Mas se você recebeu a mensagem de que era destrutivo e ameaçador dizer não, ou que isso era sinônimo de ter mau comportamento, vai ser duro aprender a dizer não agora que está adulto. Talvez as pessoas não gostem mais de você. Mas você tem de apagar aquelas velhas mensagens hipnóticas e autoritárias transmitidas pelos pais, que podem acabar nos matando.

Pratique dizer não e você vai ver que o mundo não se desmorona. Talvez seja até mais saudável.

Quando você aprende a dizer não, a doença não precisa dizê-lo em seu lugar. Você pode mudar sua forma de reagir ao mundo. Quando o seu telefone ou seu *pager* tocam, você pode deixá-los transformar-se em "um sinal para a tomada de consciência", como diz o monge budista Thich Nhat Hanh em seu maravilhoso livro *Peace is every step:* "Ao ouvir qualquer som — o sino de uma igreja, o telefone tocando três vezes, qualquer outro som ou visão — respire fundo". Pense: "Esse som me traz de volta a mim mesmo". Desse modo, o telefone tocando pode lhe transmitir paz e amor e, ao atendê-lo, você vai estar num espaço diferente. A chamada torna-se um presente. Uma mulher prestes a cometer suicídio foi atender ao telefone. A chamada salvou-a, porque ela percebeu que não precisava se suicidar; podia apenas deixar de atender ao telefone.

Minha mãe contou-me uma experiência dela. Um dia, há muitos anos, quando eu era criança, ela e meu pai levaram minha avó ao médico, que olhou para minha mãe e comentou: "Você parece mais doente do que sua mãe. Venha cá". Ele examinou-a e descobriu que ela estava com uma febre reumática; colocou-a imediatamente numa ambulância e mandou-a para o hospital. Minha mãe disse que, ao entrar no hospital, olhou à sua volta e exclamou: "Que alívio!". Sim, ela estava se matando de tanto cuidar dos outros. Tinha quatro irmãos e podia ter pedido ajuda.

Conheço muita gente que se pergunta: "O que faço para tirar umas férias? O que os vizinhos vão dizer?". Se minha mãe tivesse ido para a Flórida durante uma semana, ou se apenas tivesse insistido com um dos irmãos para cuidar de vovó, o que teria acontecido? As pessoas teriam dito: "Que filha horrível ela é, nem sequer ajuda a mãe?" Será que ela teria se sentido culpada? Mas precisamos dizer não se quisermos sobreviver, e não temos de ficar doentes a ponto de sermos hospitalizados em vez de tirar férias ou expressar nossos sentimentos em alto e bom som.

Se você quiser que seus amigos e familiares tenham mais saúde, ensine-os a dizer não. Como? É fácil. Faça uma lista de todas as coisas que você deseja: aparar o gramado, fazer as compras da semana, pintar a casa. Chame seus vizinhos e parentes e peça-lhes que façam o trabalho. Noventa por cento deles concordarão. Depois vão começar a lhe telefonar "cobrando" pelo tempo dispendido. Quando ligarem, pergunte: "O que você fez por mim foi por amor?" Se responderem que "sim", afirme: "Então, já foram "pagos". E se eles disserem que "não", mas por se sentirem obrigados, declare: "Então, da próxima vez, diga não. Estou lhe ensinando a continuar com saúde".

## Enfrentando Seus Medos

Viver com saúde e continuar assim requer o confronto com seus medos. Quando você aprende a lutar por sua vida e a lidar com seus temores, a paz de espírito se instala, pois você sabe o que fazer com o futuro. Mas, ao trabalhar nessa direção, não é rara a dúvida: "Como superar o medo da recaída, de sempre viver na corda bamba, esperando o passo seguinte?" Fizeram-me essa pergunta específica num *workshop* recente, o que me fez lembrar de um poema escrito por uma mulher, dizendo que, quando seus cabelos crescessem de novo, ela faria as coisas que protelara.

Eu lhe recomendei: "Não espere seu cabelo crescer de novo. Faça essas coisas agora, porque nunca se sabe o que o futuro nos reserva. Não adie a vida. Não diga: Um dia, minha hora chegará. Viva agora." A vida só existe no momento presente.

Quais são seus medos? Não os defina de modo vago, mas seja direto e preciso. Não fale coisas do gênero: "Tenho medo de morrer". Não sei o que isso quer dizer. Sente-se, e pergunte-se: "Do que tenho medo, realmente? É da dor, do tratamento, de perder o controle das coisas, da preocupação com as conseqüências do tratamento? Estou com medo de que ninguém cuide de mim? Ou será que estou com medo mesmo é de viver e fazer opções?". Há uma diferença enorme entre medo e pesar, ou tristeza. Pesar e tristeza são emoções normais, quando se passa por dificuldades.

É importante considerar as metáforas de seus medos, envolver-se com elas, aprender com elas. Em nossos *workshops*, trabalho com imagens, e costumo pedir aos participantes que visualizem uma criança chorando. Imagine um quarto de crianças em sua casa e, no berço, um bebê chorando. Tente ver essa criança sentindo o medo que você sente. Dê-lhe colo, faça-lhe carinhos e veja o que acontece a seu medo. Não se esqueça de que o medo não é você — levante a criança no ar, e afaste-a de si. Você não é o medo; está separado dele. Dessa forma, você pode começar a penetrar em sua própria escuridão, abraçar seu medo e sua dor e aprender com eles. Você tem fé em si mesmo para fazer isso? Essa é a chave.

Susan Bach, escritora e terapeuta junguiana, diz: "Quando você comprime o carvão, ele se transforma em diamante". Quando estiver sob pressão, se se dispuser a deixar que a escuridão, o sofrimento e as dificuldades o ensinem, você também poderá realizar grandes feitos.

Joseph Campbell em seu livro *The Joseph Campbell companion: reflections on the art of living* diz:

É só mergulhando no abismo
que recuperamos os tesouros da vida.
Onde você tropeça,
é ali que está seu tesouro.
A própria caverna que você teme penetrar
acaba por se revelar como a fonte
daquilo que você procura.

Essa sabedoria foi transmitida durante muitos anos, de muitas formas. Campbell também diz:

Um conselho
dado a um jovem índio americano

no momento de sua iniciação:
"Ao trilhar o caminho da vida,
você deparará com um abismo profundo.
Mergulhe.
Não é tão fundo quanto parece."

Lembro-me da história de uma jovem que procurava ajudar o pai; ele era construtor, e ela o auxiliava cortando árvores na floresta. Um dia, a moça viu uma garrafa que parecia conter algo que pulava em seu interior. Ela pegou a garrafa, e pensou que um lagarto ou uma rãzinha tivessem ficado presos. Então, ouviu uma voz, que lhe dizia: "Deixe-me sair".

Ela abriu a garrafa e de lá saiu um gênio, que começou a ameaçá-la. Ele disse-lhe: "Vou ter de matá-la, este é o costume. Quem quer que me liberte, terei de matar". E a jovem, que estava assustadíssima, disse corajosamente: "Mas que bobagem, você não saiu da garrafa coisa nenhuma. Olhe só para o seu tamanho, e veja o tamanho da garrafa. Tenho de voltar para ajudar meu pai". E o gênio respondeu, "Espere um minuto. Posso provar o que estou dizendo". E ela retrucou: "Pois então prove". O gênio voltou para a garrafa e ela recolocou a rolha imediatamente. Começou a afastar-se, quando ouviu o gênio gritar: "Espere, espere, se você me deixar sair de novo, prometo ajudá-la".

Agora, o teste. Você recolocou seus sintomas e medos dentro da garrafa ao enfrentar o gênio, mas está disposto a ir em frente em busca da verdadeira cura? Tem confiança em sua capacidade? Tem fé em si mesmo? A jovem tinha e, assim sendo, tirou a rolha de novo, pois sabia que tinha condições de enfrentar o que quer que lhe viesse pela frente. E o gênio declarou: "Eu estava dizendo a verdade. Eis aqui um pedaço de pano. Esfregue-o numa ferida e ela cicatrizará. Esfregue-o num metal, e ele se transformará em prata". Ela esfregou o pano em seu machado, que se transformou em prata; esfregou-o no talho de um tronco de árvore, e ele se fechou. Foi para casa, usou a prata para pagar seu curso numa escola de Medicina e hoje é uma das mais ilustres médicas do mundo.

Quando enfrentamos nosso gênio, quando enfrentamos aquilo que nos ameaça, tornamo-nos mestres de todos os que nos rodeiam. Não tenha medo.

O que você faria se tivesse uma recaída, se seu câncer voltasse? Pense nisso. Se a vontade de viver ainda está em seu íntimo, você vai descobrir uma nova terapia, uma nova esperança. Se não estiver, você pode resolver não tratar. Uma mulher que resolveu interromper seu tratamento estava em conflito por causa de sua decisão e do que dizer ao médico. E contou-me: "Tive um sonho na noite anterior à consulta marcada com meu médico; no sonho, apareceu um gato branco. Perguntei-lhe: "Qual o seu nome?" e ele me respondeu: "Meu nome é Milagre". A mulher afirmou-me: "Eu sabia que a opção certa era interromper o tratamento. Hoje, oito anos depois, posso retomá-lo. Não se tratava de ser uma coisa certa ou errada para o resto da vida, mas era o que eu devia fazer naquele momento".

Essa é uma das qualidades dos pacientes excepcionais: não têm medo de tomar decisões a respeito de sua vida. Essa mulher fez uma opção sobre o que era certo para ela no presente. Sua resolução não se baseava no que poderia acontecer no futuro, se estava certa ou errada, ou se a doença voltaria.

Quando você tem uma recaída, é claro que sofre. Nada mais natural. Mas você também pode ter outros sentimentos, como raiva. Use essa raiva; é energia. Quando as pessoas sentem raiva — de sua doença, ou do que escrevi — fico feliz. Quando sentem culpa, desespero, vergonha ou responsabilidade, é difícil para elas se transformarem, pois não há energia suficiente. A paixão leva à mudança.

Ao saber que estava com câncer no pâncreas, um homem chegou em casa e disse à mulher: "Cancele minha consulta ao dentista". E ela retrucou: "Você não vai ficar sentado na sala e morrendo nos próximos seis meses". Ele viveu quase dois anos mais por causa de sua mulher. Fez com que toda a comunidade se orgulhasse dele por ter voltado a viver, ter aceito os desafios e ter excedido de longe as expectativas de todos.

Recebi pelo correio um poema chamado "O bom do câncer", escrito por uma senhora chamada Patsy Barrineau. Ela já morreu, mas deixou esta mensagem bela e sábia:

O bom do câncer
é que ele fala
com frases curtas.
Ouço com atenção
quando o maligno sussurra:

Dê parabéns a si mesma.
Segure sua mão por mais um momento.
Abrace.

Compre o que quer comprar.
Diga o que tem a dizer.
Toque em quem tiver vontade.
Beije.
Sorria.
Grite.
Gargalhe.
Chore.
Divirta-se.
Viva.
Sim.

## Vivendo Com Plenitude

Como viver do jeito que você quer sem se sentir egoísta? Às vezes somos levados a agradar aos outros e, com isso, sufocamos partes nossas. Mas viver a própria vida não é egoísmo. Pergunte-se como pode contribuir com amor para o mundo. Esta é a verdadeira questão a ser levantada.

Você é mortal e tem um espaço limitado de tempo na Terra. Talvez não pense na maneira de usar cada dia. Minha definição da sua forma de usar o dia não é: "O que posso conseguir hoje?" e, sim, "O que posso dar hoje?". Quando você adquire clareza sobre a forma pela qual deseja amar o mundo, passa a viver sua vida sem ser egoísta.

Niro Asistent, que descobriu estar com Aids e ter um ano e meio de vida, disse: "Anotei o número de dias de vida que me restavam, colei o papel na geladeira e disse que tornaria cada um deles maravilhoso". Ela não disse que seria egoísta todos os dias, disse que cada um daqueles dias seria maravilhoso. (Uns sete anos depois da época em que deveria ter morrido, escreveu um livro contando sua experiência: *How I Survived Aids*. Hoje ela é HIV-negativo).

Quando você faz as coisas por amor, em vez de fazê-las por obrigação, fica espantadíssimo com os resultados. Se quiser fazer algo por amor, faça. Você será recompensado. Se, por amor, você dispuser de duas horas por semana para fazer coisas por pessoas que não conhece, vai ter uma vida mais longa e mais sadia. Se você estiver com uma vela acesa na mão e eu vier com minha vela apagada e acendê-la na sua, você não vai ficar com menos luz. Dar amor é a mesma coisa. Mas se estiver fazendo algo que não deseja, só por sentir-se culpado, vai acabar vivendo menos. Seria ótimo ficar doente ou morrer, e assim libertar-se da carga. Mas a energia do universo não diminui, e a luz da vela também não.

Se os seus pais lhe disseram que queriam que você fosse professor ou médico e você quer ser ator ou escritor, é egoísmo você fazer sua própria escolha? Não. É a sua vida. Viva-a. Torne-se o que gostaria de ser. Caso contrário, tenha cuidado com o que vai lhe acontecer e com o que você vai sentir em relação a si mesmo e aos seus familiares. Estou pedindo para que você viva sua vida, não que apenas exista.

Tullia Forlani Kidde escreveu-me contando que viera da Europa para o Canadá e, finalmente, para os Estados Unidos. Casou-se, seguiu carreira e foi-lhe diagnosticado um câncer, com um prognóstico de seis a doze meses de vida. Ela disse-me:

Lembro-me de ter ficado desnorteada, incapaz de apreender a realidade do que estava acontecendo. Ficava repetindo para mim mesma: "Isso devia ser um começo". Aos poucos, a minha resposta veio: eu tinha de pedir ajuda. Meu corpo estava doente e minhas emoções descontroladas, mas percebi que minha alma, a própria essência de meu ser, estava inteira, intacta. Eu podia aprender a ouvir minha voz interior — a sabedoria do coração, que esteve sempre ali, e da qual eu duvidara, esquecera e até descartara. Tornei-me meu próprio projeto, minha própria prioridade. Vivera minha vida externamente, mas agora havia um mundo a descobrir em meu íntimo, um mundo que não exige pessoas, livros e ajuda exterior. Aprendi a ouvir o silêncio. Aos poucos, meu foco mudou, minha angústia diminuiu, aumentou a aceitação de meu estado. Não precisava aprender a morrer com dignidade, mas a viver o dia de hoje. Ensinei a mim mesma a apreciar as mínimas coisas a que tinha acesso, não aceitando nada que fosse definitivo. Aprendi a perdoar a mim e aos outros, e a agradecer do fundo do coração. Estava viva. Por hoje. Comecei a olhar para o mundo como nunca olhara antes e a perceber coisas que jamais tinha notado. Meu lema passou a ser: "Vencerei". No fundo do coração, sabia que a cura já se iniciara.

Esse foi um começo e um renascimento para ela. Esta carta ela escreveu quatorze anos depois de ter recebido a notícia de que tinha um ano de vida.

Minha esperança é que, como ela, você comece a viver sua vida, a ouvir sua voz interior e a descobrir seu verdadeiro eu, o verdadeiro "eu sou". Estou falando a respeito de descobrir o que você gosta para você e em você.

Pense numa época de sua infância, em que você fazia aquilo de que gostava, e como cada dia voava. As horas pareciam minutos. Quando você gosta de seu trabalho, de sua vida, todo dia é como naquela época. Você pode recuperar a sensação de viver plenamente o momento presente. O Reino dos Céus está aberto para a criança. Você pode encontrar o Céu na Terra se voltar-se para a sua natureza infantil.

Quanto podemos aprender com histórias e mitos! A criança de *As roupas novas do imperador* reparou que o imperador estava nu, e seu pai confirmou suas palavras. O pai poderia ter-lhe dado uns bons tapas e dito: "Você me envergonha. Nunca mais vou levá-lo a um desfile". Em vez disso, ele falou: "Ouçam o inocente". E o povo murmurou: "O imperador está nu".

Já vi esse tipo de comportamento em meu consultório. Adoro quando as crianças entram e dizem: "Você não tem um fio de cabelo na cabeça" e os pais as censuram: "Psiu! Não diga isso". Mas é uma coisa tão óbvia... está bem na frente das pessoas e, no entanto, os adultos procuram ignorar o fato. Sentem-se pouco à vontade. Sua capacidade de amar e comunicar-se está bloqueada, mas a da criança, não.

Numa entrevista em *An Open Life,* Joseph Campbell conta que Nietzsche expôs o seguinte:

O espírito tem três estágios. O primeiro é o do camelo. O camelo ajoelha-se e pede: "Coloquem uma carga em mim". Esta é a condição da juventude e do aprendizado. Quando o camelo está bem carregado, levanta-se e vai para o deserto. Este é o lugar aonde vai para poder ficar sozinho e descobrir-se: então se transforma em leão. E a função e a façanha do leão é matar o dragão. E o nome do dragão é Tu Deves. Em cada escama do dragão está escrita uma lei, algumas datando de 2000 a.C., outras do jornal de ontem. Quando o camelo está bem carregado, o leão fica forte e o dragão é morto. Você sabe, são duas coisas bem diferentes. Uma coisa é submissão, obediência, aprendizado; a outra é força e capacidade de se impor; quando o dragão é morto, o leão se transforma numa criança. Nas palavras de Nietzsche: "Uma roda saindo de seu próprio centro". É isso que a criança representa nessa linguagem mística. O ser humano recupera a espontaneidade, a inocência e a ignorância das leis, que são coisas tão maravilhosas na criança. O pequeno que vem e diz coisas absolutamente embaraçosas ao estranho que está nos visitando em casa, isso é a criança. Não a criança obediente, mas a criança inocente que é espontânea e tem a coragem de viver seus impulsos.

Deixe o espírito infantil de seu íntimo guiá-lo. Ao permitir-se ser quem é de verdade, você pode curar o espírito e o corpo. Temos de conseguir completar todos os estágios de desenvolvimento de que nos fala Joseph Campbell. E precisamos aprender a viver, não pelo futuro, nem para lamentar o passado, mas pelo aqui e agora.

## Acerte o Relógio e Aprenda a Viver no Presente

Para acertar seu relógio, uma coisa que ajuda é você ser um pouco esquisito e ouvir sua voz interior. Isso me acontece com freqüência, e as vozes me ajudam a não me fazer de vítima. (Quando disse isso a uma moça, ela me deu um broche com os seguintes dizeres: "Espero que o barulho lá dentro de minha cabeça não o esteja perturbando".) Quando vou a uma reunião profissional ou a um *workshop*, fico pensando a respeito do que quero falar. Se me preocupo com o que os outros vão achar, e não vão querer se expressar francamente, enquanto me levanto para falar uma voz interior sussurra: "Você pode morrer a caminho de casa". Sei que se isso acontecesse eu me sentiria péssimo por não ter aberto o coração. Por isso, falo sabendo que se não sobreviver ao dia de hoje terei dito o que precisava dizer. O que os outros sentem ou o que os críticos podem achar é problema deles, não meu. A consciência de sua própria mortalidade pode evitar que você seja tímido (mas, se fizer isso em função dos aplausos e da crítica, é provável que você só se torne mais vulnerável).

Uma jovem estudante de Medicina trabalhava comigo . Sua família escreveu-me para dizer que justamente quando estava para começar a clinicar, foi mordida por marimbondos. Uma amiga encontrou-a em casa em estado de choque e levou-a para a unidade de tratamento intensivo do hospital local, mas ela morreu ali, três dias depois, de choque anafilático. Ela me vem à mente quando penso sobre as incertezas da vida, e como devíamos procurar viver o presente — é realmente tudo quanto temos.

Quando você aceita literalmente que pode morrer a caminho de casa, começa a liberar-se para agir de acordo com o que sente: "Este sou eu. É desse jeito que gosto de contribuir". Repito mais uma vez: isso não é egoísmo. Quando você aceita sua mortalidade, a vida começa a ter mais graça e mais amor. A consciência da própria mortalidade promove um comportamento saudável, bem-humorado, além de favorecer a singularidade e a individualidade — coisas que não se escondem.

Peço às pessoas que aprendam a viver pequenos segmentos de tempo, pois já notei muitas e muitas vezes que as criaturas felizes vivem no presente — estão, de certo modo, tão perto quanto possível do paraíso terrestre. Quando começamos a viver sem estar sempre com o relógio na cabeça, e apenas desfrutando o aqui e agora, mudamos nossa pessoa e nosso corpo. Uma mulher contou-me que, no dia que teve a sensação de viver o momento, estava sentada numa cadeira perto da janela aberta, com uma brisa entrando. Pela primeira vez na vida, tinha consciência de sentir o ar na pele. Antes disso, descartava essas impressões, vivendo para o futuro e concentrando-se no que viria a seguir. Outra mulher, que estava prestes a cometer suicídio, notou de repente a neve, o céu azul e a beleza deles salvou-lhe a vida.

Viver o momento não significa que você não possa planejar as coisas, nem ter projetos para o futuro. Mas quando seus projetos são redirecionados, talvez Deus esteja tentando encaixá-lo na programação universal, procurando fazer com que você entre em contato com seu lado intuitivo.

Depois de se aposentar, um homem disse-me que: "De repente as pessoas começaram a conversar comigo nas farmácias, e os cachorros ficaram mais simpáticos". Sem perceber, evidentemente, ele é quem tinha mudado e agora estava aberto.

Lembro-me de ter ficado impressionado num curso de Filosofia e Religião no colegial, com a afirmação de Santo Agostinho, de que é preciso amar para ver — quando eu acreditava que o amor era cego. Depois entendi que os amantes estão abertos para o mundo. Se você conseguir manter-se aberto, vai aceitar as coisas quando as vir. Mesmo que não entender por que certa coisa aconteceu, você vai saber que aconteceu; poderá registrar o fato e observar, em vez de rejeitar. Carl Jung disse: "Não podemos mudar nada que não aceitamos".

Quando você está aberto para novas verdades, coisas espontâneas e imprevisíveis podem acontecer: e muitos mistérios serão desvendados. Desse modo, muitas descobertas são feitas acidentalmente, quando os cientistas estão pesquisando outra coisa. Bem ali do lado está uma pequena verdade pela qual teriam passado sem notar se não estivessem abertos. Nosso filho Jeffrey comentou certa vez, que determinada pessoa tinha "a mente muito estreita" para ser cientista.

Achei o comentário superadequado; transmite a idéia de que, se estivermos fechados, seja sobre religião, doença ou ciência, nunca vamos aprender. Estou falando a respeito de estar aberto para o mistério, não para a magia ou para milagres. A magia e os milagres não se prestam a ser solucionados. Os mistérios sim e, um dia, todos serão entendidos.

Recebi cartas de presos que optaram por refazer suas vidas. Um homem escreveu-me: "Sentia-me condenado à morte e ficava por ali, esperando a hora. Agora labuto oito horas por dia num trabalho pesado (transportar manualmente tijolos de concreto) e espero o amanhã. Em vez de esperar a morte, agora espero a vida".

Você pode estar encarcerado numa instituição ou aprisionado em seu corpo. Mas a opção de viver vem de você, não do seu ambiente. Se você estiver esperando viver quando sair da prisão ou quando seu cabelo crescer de novo, estará adiando a sua vida.

Meus maiores mestres são os que sofrem. Vá até eles nas prisões, nos hospitais e pergunte-lhes: "Por que você deseja viver?". Andei por corredores de hospitais e entrei nos quartos para perguntar às pessoas que tinham coisas que eu temia: "Por que você deseja viver? Como consegue?". Elas são sempre honestas e estão dispostas a ajudar. Algumas me disseram: "Sente-se, vou lhe contar". Outras responderam: "Volte depois, vou fazer uma lista para você". O que me impressionou foi que a lista não continha páginas de discussão filosófica sobre o significado da vida. Dizia coisas muito simples. "Pintei um quadro", disse alguém sem dedos; o pincel teve de ser amarrado em sua mão. "Olhei pela janela e estava um dia lindo". "A enfermeira esfregou-me as costas". "Meus familiares telefonaram e estão vindo me visitar". As listas estavam cheias de fatos cotidianos simples. E comecei a perceber que isso era a própria substância da vida.

Um jovem que falou com eloqüência sobre viver o momento foi Mark Rakowski. Ele era um jogador de futebol americano de minha *alma mater*, a Colgate, mas ficou com leucemia logo depois da formatura. Fred Dunlap, antigo treinador de Mark e diretor do departamento de atletismo, junto com sua mulher, escreveu sobre Mark. A história foi publicada no jornal da Colgate. Ela conta como os membros do time de futebol sempre ficavam impressionados com aquele jogador, com sua determinação e vontade de viver e queriam muito dar-lhe um prêmio. Ele não podia receber o prêmio no estádio; não seria prudente expô-lo diante de toda aquela gente com uma taxa tão baixa de glóbulos brancos por causa de quimioterapia. Desse modo, o prêmio lhe foi dado no vestiário, antes do jogo. Ele disse aos outros jogadores:

> Quando eu jogava futebol, sempre pensava ter dado tudo em cada lance, principalmente no meu último ano. Mas, agora, que não jogo mais, sei que não dei; só pensei ter dado. Agora, que parei de jogar, daria tudo para jogar novamente e dar tudo de verdade. Um dia vocês vão sentir a mesma coisa. Portanto, não deixem nada aqui, hoje. Deixem tudo lá fora, no campo.

É desnecessário dizer. Todos deram o máximo de si e venceram o jogo por 22 x 20.

Mais tarde, Mark morreu de complicações resultantes de um transplante da medula óssea. Mas existem muitas pessoas que nunca vão esquecê-lo, nem ao seu exemplo.

E é isso que eu queria lhe dizer, meu amigo. Dê o máximo de si no seu jogo.

Viva como se estivesse morrendo; escreva como se estivesse morrendo. Num artigo publicado na seção de críticas de livros do *New York Times,* do dia 28 de maio de 1989, chamado "Escreva até cair", Annie Dillard declarou:

> Escreva como se estivesse morrendo. Ao mesmo tempo, assuma que você escreve para um público que consiste, exclusivamente, de pacientes terminais. Aliás, é isso mesmo o que acontece. O que você começaria a escrever se soubesse que iria morrer logo? O que diria a um agonizante que não o enfurecesse por se tratar de algo banal?

Gosto de utilizar esse exercício em *workshops,* e agora lhe pergunto: Sobre o que você escreveria se soubesse que só tem seis meses de vida? O que você gostaria de compartilhar com os outros, como entrar em contato com os sentimentos que estão lá no fundo de seu ser? Quando fazemos isso, todos nós começamos a nos concentrar no que mais amamos.

Pare; feche os olhos. No escuro, você perde a visão do exterior e ganha a visão interior. Helen Keller fez muitas vezes essa pergunta às pessoas: "Se você tivesse três dias para ver, o que gostaria de ver nesses dias?" Acho que sua escolha lançaria bastante luz sobre o que você realmente ama na vida.

# Identificando Seus Verdadeiros Sentimentos

A maioria das pessoas tem dificuldade para identificar suas verdadeiras alegrias, necessidades e desejos, porque parou de prestar atenção aos seus sentimentos. Quando você pergunta a uma criança: "O que você quer fazer hoje?", ou: "O que você quer ser quando crescer?", obtém resposta. Quando nossos cinco filhos eram mais novos e estavam de férias, eu lhes perguntava todas as manhãs: "O que vocês querem fazer hoje?". E eu obtinha trinta ou quarenta respostas. À noitinha, só tínhamos feito 28 coisas, eu estava exausto, e eles, irritadíssimos. Tive de aprender a parar de perguntar. Assim, todo dia eu propunha uma atividade que poderíamos fazer e eles concordavam, invariavelmente. Estavam acesos e abertos às possibilidades. Pergunte a um adulto: "O que você quer fazer hoje?". E é bem provável que a resposta seja: "Bem, não sei, o que você gostaria de fazer?". E se você sugerir algo, vai ouvir: "Bem, tudo bem, se é o que você quer".

Quando você não está em contato com seus sentimentos, é difícil distinguir entre uma atração sadia e um vício impróprio. Mas se conseguir entrar em contato com sua natureza infantil, seu corpo lhe dirá se você está fazendo as opções certas, e se seus sentimentos são genuínos. Uma atração sadia faz você se sentir bem, mesmo que você se canse. Um vício impróprio assume o comando de sua vida. Você é arrastado, querendo ou não. Esse processo pode ou não envolver drogas; pode ser seu trabalho; pode ser fazer coisas para os outros — coisas que afastam de você o controle de sua vida. Nada disso substitui o amor. Se você conversar com voluntários, com pessoas dispostas a servir, e depois com viciados, e perguntar: "Como você se sente depois de ingerir drogas? Como você se sente depois de seu trabalho voluntário feito por amor para ajudar alguém?", as respostas serão parecidas. Ambos os grupos se sentem lá em cima. Mas é muito mais saudável estar nas alturas por ter ajudado alguém do que por ter ingerido drogas. Quando você fica feliz por ter servido, sente-se melhor tanto física quanto psicologicamente (como diz Bobbie: "Faça um trabalho voluntário em nome da saúde").

Um vício impróprio pode ter começado como algo saudável. Conheço pessoas que começaram a fazer caminhadas porque era bom para elas, o exercício lhes fazia bem. Mas aí você fica sabendo que estão se preparando para maratonas, treinando compulsivamente durante várias horas por dia, desorganizando sua vida. Isso não é saudável.

Vícios — que incluem drogas, ganhar dinheiro, exercitar-se durante muitas horas por dia e uma série de outras coisas — podem ser vistos como formas de obter amor e atender a outras necessidades que deveriam estar acontecendo de maneira mais sadia. São substitutos do amor que gostaríamos de ter. Não podíamos controlar a fonte do amor quando éramos crianças e tentamos agora.

Em seu livro *Escape from Intimacy*, Ann Wilson Schaef descreve seu trabalho com drogados. Ela relata: "O viciado costuma associar a responsabilidade à prestação de contas e culpa, e não deseja sentir-se culpado sobre relacionamentos afetivos, sexo e romance. Na recuperação, sabemos que assumir responsabilidade significa assumir as rédeas da própria vida".

Não substitua por drogas os pais que gostaria de ter tido ou o amor que não recebeu. Descubra o amor. O amor está dentro de você. Comece amando a si mesmo.

Pense o que você responderia se Deus lhe ordenasse: "Quero que você seja feliz pelo resto da vida". O que você faria para ser feliz? Essa é uma pergunta difícil para muitos adultos. Quando digo às pessoas: "Imagine que você se formou na faculdade, adquiriu cultura, e uma fortuna veio parar em suas mãos; o que você quer fazer?". A maioria dos adultos responde: "Não sei".

Essa pergunta teve um significado especial para Jeanne Prevo, uma mulher que conheci há muitos anos. Escreveu-me para dizer:

Caro Bernie,

Vim a Connecticut para vê-lo, em junho de 1982. Você me mostrou o que fazer para salvar minha vida. Deu-me esperança quando me haviam dito que não havia nenhuma. Preocupou-se comigo quando eu estava desesperada, careca e muito doente. Telefonou-me, escreveu-me e deu-me coragem para me levantar e travar uma luta agressiva contra o câncer. Venci. Você me mostrou a terceira opção. Fiz treze cirurgias desde junho de 1982, mas ainda trabalho como professora de educação especial. O Conselho de Educação e o diretor de minha escola mantiveram-me no emprego mesmo quando eu estava numa cadeira de rodas, quando já podia caminhar, quando usava uma bengala e uma peruca. Minha classe e eu trabalhamos juntos por amor uns pelos outros. Agora tenho uma cabeleira completa, cílios, um novo quadril, mais uma colostomia, novos seios de silicone e nenhum câncer. Consigo andar de bicicleta e até dançar. Você se lembra quando me perguntou o que eu faria se Deus quisesse que eu fosse feliz pelo resto da vida? Eu não soube o que responder. Estou descobrindo a resposta nesses oito anos, e de muitas maneiras. Seu retrato está em minha escrivaninha para me dar coragem; sua fita de meditação está no gravador; seu livro está sobre a mesa, e a compaixão e o amor por gente que sofre estão em meu peito. Transmiti seus ensinamentos no hospital a inúmeras pessoas que precisavam de ajuda. Você me disse para tornar-me real como o "coelho de pelúcia", e, Bernie, minhas articulações estão desconjuntadas, perdi a forma, mas sou real e estou viva. Graças a Deus.

Note que ela escreveu: "Você *me mostrou* o que fazer para salvar minha vida". E não: "Você salvou minha vida". Ela preservou seu poder.

Em *The Velveteen Rabbit* [O coelho de pelúcia], o Coelho pergunta ao Cavalo de Couro o que significa ser "real" e o Cavalo lhe responde:

Real não é como você foi feito. É algo que lhe acontece. Quando uma criança o ama durante muito, muito tempo, não apenas brinca com você, mas ama-o REALMENTE, então você se torna Real... Não acontece de repente. Você vai se tornando. Leva muito tempo. É por isso que não acontece muito com pessoas que quebram com facilidade, ou que têm arestas cortantes, ou com as quais é preciso ter o maior cuidado. Em geral, na época em que você já é Real, a maior parte de seus pêlos já se foi, seus olhos já caíram e você fica com as articulações desconjuntadas e muito encardido. Mas essas coisas não têm a mínima importância porque, depois que você se torna Real, não tem como ficar feio, exceto para as pessoas que não entendem.

## Lidando Com a Raiva

Quando você tem consciência de seus sentimentos, um dos que percebe com mais intensidade é a raiva. Como lidar com ela pela primeira vez em que se manifesta e durante todo o processo de cura e manutenção?

Pode haver uma série de razões para você ficar com raiva do mundo, mas a raiva precisa ser direcionada para canais saudáveis e num ambiente seguro para você chegar a curar-se interiormente.

A raiva é um sinal. Você está sendo informado pelo corpo, pela mente e pelo coração de que seu território está sendo invadido, que seu senso de identidade está sendo menosprezado. Se tiver consciência de sua raiva, você pode decidir o que fazer com ela. Seu sistema imunológico pode ser um indicador interno de raiva saudável, lutando para defendê-lo.

A vida é cheia de dificuldades e a questão é como enfrentá-las. Em primeiro lugar, precisamos expressar os sentimentos que nos despertam. Como diz um amigo especialista em computadores: "Se entra lixo, sai lixo. Mas se você puser o lixo para fora, o amor pode entrar". Você precisa arranjar um lugar em sua vida para paz e amor, e expressar, pôr para fora o lixo. Como? Um jeito é colocar tudo num diário. Como disse o psicólogo James Pennebaker em seu livro *Opening Up*, se você escreve num diário sobre seus traumas e seus sentimentos mais profundos a respeito deles, a experiência pode ser curativa.

Mantenha um diário. Ponha todos os seus sentimentos no papel, dia após dia. Tome notas para manter a consciência de seus sentimentos. Somos incrivelmente bons para suprimir coisas. Mas, quando fazemos isso, as emoções continuam dentro de nós, nos afetando. Descobri isso há muito tempo. Eu tomava notas durante o dia sobre coisas que via no hospital e que me impressionavam emocionalmente. Depois, à noite, não conseguia lembrar-me do que me levara a escrevê-las. Veja a minha eficiência em bloquear o que me perturbava! Por isso, comecei a escrever notas mais elaboradas, pois queria aprender a lidar com os sentimentos. É importante você abrir-se interiormente, permitir que os seus sentimentos aflorem. Caso contrário, eles vão ficar guardados lá dentro e, um belo dia, seu corpo vai insistir para você prestar atenção neles.

Participe de um grupo voltado para as mesmas questões que você está enfrentando: alcoolismo, câncer, Aids, obesidade, divórcio, cônjuges de parceiros perversos, ou um grupo de luto. Converse com as pessoas do grupo e compartilhe seus sentimentos. Essas pessoas sabem pelo que você está passando e podem discipliná-lo, amá-lo, apoiá-lo, serem duras com você para você fazer as opções certas nos momentos certos. Às vezes, é difícil compartilhar os sentimentos com familiares porque, de certa maneira, eles querem salvar a situação. E você precisa lembrá-los de que quando expressa raiva ou medo, não está lhes pedindo que resolvam tudo, mas que estejam ali, apoiando-o física e emocionalmente, o que pode resultar num abraço, para eles saberem que fizeram algo por você além de simplesmente ouvi-lo. Se lhe perguntarem como você está, responda: "Estou B+, ou C-". A regra é que, se você estiver com menos de um B+, sempre recebe um abraço. Eles não precisam sentir-se impotentes. Podem ouvir podem tocar, podem dar-lhe apoio.

Expresse seus sentimentos com honestidade. Quando as pessoas lhe perguntarem: "Como vai?", não sorria automaticamente e diga: "Muito bem". Se você *estiver* ótimo, tanto melhor. Mas suprimir os sentimentos é algo destrutivo. Portanto, por favor, não coloque um sorriso fixo no rosto e negue que está mal, confundindo seu corpo. Isso não é pensamento positivo, nem verdadeira paz de espírito.

Quando você não expressa suas emoções, principalmente a raiva, acaba cheio de ressentimento e ódio, e pode tornar-se um assassino potencial ou real qualquer dia desses. Quando você não expressa a raiva, ela fica lá dentro, criando depressão, doenças, e controlando-o. Ela vai achar uma saída qualquer — mas uma saída destrutiva.

Quando alguém afirma: "Estou com raiva de você e de seu livro", eu retruco: "Mas que ótimo", porque a pessoa está se comunicando. Recebo cartas de pessoas indignadas. Muitas delas não são assinadas. É uma pena, pois, desse modo, não podemos nos comunicar e refazer as coisas e transformarmos uns aos outros. Uma mulher que conheci contou-me que atirou meu livro na parede e a enfermeira disse-lhe: "Bernie adoraria ver isso". Quando estava me contando a história, interrompi-a e exclamei: "Mas que maravilha!", e ambos sorrimos quando ela me falou sobre o comentário da enfermeira. Esta é uma energia que podemos elaborar.

Uma forma de usar sua energia é através de exercícios físicos repetitivos. Pode ser quase uma meditação. Enquanto você está fazendo uma atividade rítmica e seu corpo está envolvido, seus pensamentos e sentimentos vêm à tona e você pode enfrentá-los. Não faz diferença se você caminha, corre, nada, dança, faz jardinagem ou exercícios numa cadeira: procure manter o corpo em movimento, e você vai ficar espantado com os resultados.

Medito regularmente todas as manhãs quando saio para caminhar. Afloram pensamentos e sentimentos aos quais não dei a devida atenção, e aí posso resolver minhas questões pendentes. Parece que a sensação de liberdade e de conhecimento se apoderam de você quando você entra nesse estado, e o ajudam a resolver suas dificuldades. Você fica mais criativo.

Se você acumulou sentimentos e não os expressou durante o dia, é importante ter um período de transição ou intervalo para recuperação antes de entrar em sua vida familiar, à noite — como fazer uma caminhada desde a estação do ônibus até sua casa, ou ficar ouvindo uma fita no carro. Você vai precisar encontrar uma forma qualquer de se descontrair ou sua vida e sua família vão sofrer.

Um amigo meu era *barman*. Ele sabia que grande parte de seu trabalho consistia de psicoterapia. Via muita gente que saía do escritório e parava em seu bar a caminho de casa. As pessoas não iam lá realmente para tomar um drinque; elas iam lá para conversar com ele. Portanto, descubra alguém com quem conversar. Você não precisa de drogas que o deixem entorpecido, pois elas não o ajudarão a resolver seus verdadeiros problemas. Ao chegar em casa, por que não dizer à família que precisa de alguns momentos para si? Quando chego do hospital e todos saltam em cima de mim para me contar como o seu dia foi interessante ou difícil, não é sempre que os trato bem, por estar de mal comigo mesmo. Não há problema em dizer: "Preciso ir para o meu quarto, para a caverna". Feche a porta do consultório. Faça algo por si mesmo. Mude de roupa. Parta para outra. Apare o gramado. Limpe a casa. Envolva-se com algo que o faça perder a noção do tempo. Isso permite que você entre num outro estado e seja mais compreensivo com os que o rodeiam.

Já vi arteterapeutas que utilizam música, poesia e arte para trabalhar com pessoas hospitalizadas a fim de que estas possam usar sua energia e sua raiva para criar uma canção, um poema, uma pintura ou um quadro. Essas atividades ajudam a curar, pois permitem que o sofrimento e as emoções venham à tona por meio desses canais. A arteterapia funcionou para mim quando eu me sentia emocionalmente afetado pela minha profissão de médico. Descobri que podia chegar em casa, vestir minhas roupas velhas, entrar no quarto que havia arrumado no porão e pintar. As crianças me rodeavam e pintávamos todos juntos. Em algumas horas, eu me tornava outro por causa daquela experiência.

Muita gente ouve os outros aconselharem o que *devem* sentir. É triste quando as pessoas estão tão distantes de suas emoções que se julgam obrigadas a sentir o que as outras mandam. Lembro-me de uma mulher que trabalhava num *hospice*, e que veio por causa de uma família de quem eu estava cuidando; ela havia dito a todos que eles deveriam estar com raiva, e eles não estavam. Trataram de todas as questões e não havia do que sentir raiva. Mas ficaram com raiva dessa mulher, o que a deixou feliz por ter visto raiva.

Não se preocupe com o que você *deve* sentir. Sinta, só isso. Não julgue seus sentimentos; sentimentos não existem para ser julgados. Se você está se perguntando o que fazer com eles, então, as melhores pessoas com quem deve conversar são as que realmente o compreendem, que passaram pelas mesmas situações e enfrentaram as mesmas emoções. Onde encontrar essas pessoas? Como criá-las?

## Descubra ou Crie um Grupo de Apoio

Há muitas formas de descobrir um grupo de apoio, inclusive dando telefonemas e mandando cartas para organizações de auto-ajuda, que lhe darão informações sobre o que está acontecendo em sua comunidade. Órgãos do governo e organizações de voluntários costumam entrar em contato para apresentar seu leque de possibilidades. Converse com pessoas que estão enfrentando os mesmos problemas que você. Pergunte a seu médico.

Dê uma olhada nos quadros de avisos de sua comunidade, em lojas de produtos integrais, igrejas e sinagogas, para ver se há informações sobre o tipo de reunião que você procura.

Se você realmente se empenhar vai encontrar o que busca. Caso não exista um grupo desses em sua comunidade, crie um. Pode ser tão simples quanto colocar um anúncio num jornal ou um recado num quadro de avisos, pedindo às pessoas que tiverem o mesmo problema e quiserem se encontrar para conversar que lhe telefonem. Mas, em geral, a gente prefere alguém que seja capacitado para dirigir grupos num "confronto afetuoso", isto é, uma pessoa afetiva, mas que o enfrenta para ajudá-lo a mudar como pessoa. Você não vai querer participar de um grupo de vítimas. Você pode dar uma tarefa para a pessoa fazer antes de lhe franquear a entrada no grupo, como ler um livro, fazer um desenho ou preencher um formulário. É impressionante a quantidade de pessoas que se recusam a fazer essas coisas, porque não querem despender esforço algum, ou têm medo de fracassar. Recebo cartas de pessoas dizendo: "Gostaria de ter participado de seus grupos de câncer, mas tenho mais medo da arte do que da morte".

O ECaP e outras organizações do gênero realizam sessões para ajudá-lo em seu treinamento caso você queira liderar um grupo. Entre em contato com eles. Em geral, um profissional de saúde está mais preparado para fazer esse tipo de coisa; portanto, procure descobrir um deles para ajudá-lo. Mas se não houver ninguém em sua comunidade, junte-se a outras pessoas e forme seu grupo.

Convide as pessoas a sentarem-se em sua sala de visitas e encoraje-as a conversar umas com as outras. Lembre-se de que além de apoio, isso é disciplina. É apoio no sentido de permitir que você assuma responsabilidade pela sua vida e enfrente seus sentimentos e medos, em vez de temer o futuro.

Muitos grupos podem não estar especificamente relacionados com seu o problema, mas, apesar disso, ainda podem ajudá-lo. Quando procuramos realmente ajudar os outros, qual a importância de saber o que leva alguém a uma reunião? Pode ser câncer, alcoolismo, drogas, perda de um ente querido — muitos sofrimentos podem nos aproximar. Numa certa medida, nosso sofrimento pode ser compartilhado e uns podem ajudar aos outros.

Grupos sociais ou informais de que você já faz parte também podem ser úteis. Todos estamos machucados. Fale de sua ferida. Às vezes, quando você conta aos outros o que realmente está acontecendo, no fundo do seu coração, fica surpreso com o apoio que recebe e com a profundidade das emoções e dos pensamentos de muita gente em sua própria vida. Portanto, dê uma olhada à sua volta e veja de que tipo de grupos você já participa e se eles permitem relações mais profundas.

Às vezes, as pessoas que se conhecem em um de nossos *workshops*, ou que já dividiram um quarto de hospital, continuam mantendo contato depois. Como observou um rapaz, uma das vantagens de nossos *workshops* é proporcionar às pessoas a oportunidade de conversar realmente, umas com as outras, de forma íntima e protetora.

Sei que uma boa terapia individual ou de grupo pode prolongar a vida. Mas já disse que a terapia de grupo tem mais efeitos colaterais do que a quimioterapia. O que quero dizer é que uma transformação requer coragem. Dispor-se a mudar pode ser mais difícil e extenuante do que expor-se a uma série de tratamentos químicos e mecânicos. Lembre-se: você está abrindo uma tampa. Abra-a num ambiente seguro. As pessoas irão ajudá-lo a enfrentar o que vier, e a vida nunca vai lhe apresentar algo com o que você não possa lidar.

Resumindo, se você compartilha sua experiência de vida, se você tem alguém que o ouve e tem a chance de expressar seus sentimentos, então sua sobrevivência e a sua qualidade de vida também podem ser afetadas.

# 2
# O Amor Pelos Outros:
# Abra o Coração

*Se eu impedir que um coração se parta,*
*não terei vivido em vão.*
*Se poupar uma tristeza,*
*aliviar uma dor,*
*ou ajudar um tordo caído*
*a voltar de novo a seu ninho,*
*não terei vivido em vão.*

Emily Dickinson

*Se quiser ser feliz por uma hora,*
*tire uma soneca.*
*Se quiser ser feliz por um dia,*
*vá pescar.*
*Se quiser ser feliz por um mês,*
*case-se.*
*Se quiser ser feliz por um ano,*
*herde uma fortuna.*
*Mas se quiser ser feliz a vida inteira,*
*faça o bem.*

Participante de um *workshop* (anônimo)

# Primeiro, Cuide do Coração

Susan Duffy é uma mulher que tem sido uma verdadeira mestra e uma fonte de inspiração para mim. Conheci-a há doze anos, quando lhe deram pouca esperança de viver muito tempo. Ela tem escleroderma. Eu não sabia o que fazer por Susan, pois, como médico, nunca conhecera alguém com uma história como a dela. Todos em sua família tinham cometido suicídio, e ela também havia tentado. Ela crescera ouvindo a mensagem: "Morra, filha, morra". Quando a vi pela primeira vez, seu rancor era inacreditável. Tudo quanto eu podia fazer era ouvir. Eu não tinha soluções.

Mas, à medida que ela foi pondo aquele rancor todo para fora, começou a se curar. Nos anos seguintes, escreveu-me algumas cartas maravilhosas e ensinou-me lições importantes. Em uma dessas cartas, declarou:

Eu tinha apenas duas opções: viver ou morrer. Escolhi viver. Tem sido doído elaborar as questões de minha vida, mas sempre sinto a mão divina me apoiando.

Sei agora que as pessoas precisam sentir o poder do amor em sua própria vida. E, se tiver algum problema com a palavra Deus, substitua-a por Amor. Este é o mistério de toda verdadeira cura, o poder do amor.

A definição de cura é, para mim, a disposição da pessoa em reencontrar-se com seu verdadeiro eu e permitir que seus semelhantes façam o mesmo. Isso pode ser feito com o poder do amor e do perdão. A verdadeira essência do amor é que ele dá, dá e dá, sem pensar no que vai receber em troca. Porque, no fim, tudo aquilo volta para ele de qualquer forma, e mais. Os poderes curativos são amor incondicional por si mesmo e pelos outros, e perdão.

Comecei a ver tão claramente o simbolismo de minha doença... Odiava minha família com tanta intensidade que tentei me matar, mas na verdade querendo matá-los. Não morri desse jeito, mas peguei uma doença grave. Quando comecei a entender o verdadeiro significado do amor, comecei a perceber o impacto enorme que teve em minha vida. Vejo minha experiência de vida da seguinte forma: eu vivia numa prisão. Não tinha controle das circunstâncias em que nasci e não tinha controle sobre os pais que me criaram. Não tinha poder algum sobre as circunstâncias a que fui exposta. Quando minha prisão ficou tão escura que eu não conseguia enxergar, e o sofrimento tão grande que eu não queria ver, ouvi uma batida na porta e tive a coragem de abri-la. Quando abri a porta, o amor entrou. Quando o amor entrou, tive então a capacidade de perdoar, e de aceitar. Ao andar por minha prisão, o amor tocou todas as coisas negativas que estavam lá, ou seja, as experiências de minha vida, e transformou-as em algo significativo.

Penso nas frases dela que reverberaram mais intensamente em mim:

Cuide primeiro do coração. Se as pessoas conseguirem viver na simplicidade de seu próprio coração, não curarão apenas a si mesmas, mas a todos à sua volta. O amor do fundo do coração é a panacéia para todos os males.

Ela deixou o amor entrar naquele cárcere sombrio em que estava aprisionada, e ele a transformou e iluminou a escuridão. Somos capazes de criar luz.

## O Lema de Sua Família

Como muitos de vocês sabem, minha infância não foi como a de Susan. Fui criado com amor. Não percebia o sofrimento de tantas famílias, o que me colocava num grupo minoritário. Olhando para o passado, noto que meus pais eram um pouco terapeutas junguianos, mas sem formação intelectual.

Se alguém dissesse a Carl Jung: "Carl, aconteceu uma coisa maravilhosa". Ele diria: "Que pena! Mas se juntarmos forças, talvez possamos superar isso". Se a pessoa exclamasse: "Aconteceu uma coisa horrível!", Jung responderia: "Ah! Vamos abrir uma garrafa de vinho. Algo de bom virá". Essa era também a mensagem básica de minha mãe e de meu pai.

Ambos me transmitiram senso de valor pessoal. Ouvi meu pai dizer coisas boas sobre mim, quando eu não estava presente (por isso achava que estava falando sério). Quando você ouve seu pai dizer que você será um sucesso em qualquer área, sabe que ele acredita em você e, quando sai para o mundo com esse tipo de confiança básica, mesmo quando há problemas, conflitos e as pessoas nem sempre gostem do que você faz, você sente que tem apoio. Embora seus pais não gostem do que você está fazendo, você sabe que continua sendo amado. É uma diferença enorme da maneira pela qual a maioria das pessoas é criada, sem que ninguém goste delas, sem que ninguém as ame.

Minha mãe transmitiu-me uma mensagem muito simples. Como Carl Jung, quando eu tinha de enfrentar uma decepção, ela dizia: "É isso mesmo que tinha de acontecer. Deus está redirecionando você, algo bom virá disso". Talvez esta não pareça uma idéia profunda, mas quando você pensa bem, percebe que nada pode dar errado em sua vida. Não há como fracassar e, além disso, Deus não o está castigando. Deus é uma fonte. Os fatos só podem redirecioná-lo e ajudá-lo. Assim, até a adversidade torna-se um redirecionamento.

A mensagem de minha mãe permitiu-me atribuir muitas coisas a Deus, mas também a perceber que, num certo sentido, tudo o que atravesse meu caminho foi significativo. Desse modo, não fui para a faculdade que era minha primeira opção. Não fiz residência no hospital que teria sido minha primeira opção. Muitos planos que tracei e muitas coisas que desejei não se realizaram. Mas os lugares para onde fui acabaram se revelando adequados para mim. Sempre tive a sensação de estar no caminho certo. Quando sabemos que existem redirecionamentos e que seu intelecto nem sempre sabe qual é a melhor opção, abrimo-nos para coisas maravilhosas.

Jason Gaes, que teve câncer aos sete anos de idade, disse: "Se Deus quisesse que eu fosse jogador de basquete, teria me feito com dois metros de altura. Mas Ele me deu o câncer, para eu escrever um livro e ajudar os outros". Jason escreveu *My Book for Kids with Cansur*. É o que acontece quando se é amado. Nada é um castigo.

No livro de suas citações favoritas, Norman Vincent Peale diz que a mensagem de sua mãe, Anna Delaney Peale era: "Quando uma porta se fecha, significa que Deus está mostrando que há uma porta aberta mais adiante".

E ele cresceu com essa mensagem positiva. Mas eu sei que há outras famílias em que a mensagem é que se algo de bom acontece, algo ruim se seguirá. Ou: "Você não é muito inteligente". "Nunca esperamos nada de você." "Você é muito gordo." "Que desperdício foi sua educação." A mensagem é que a criança é indigna ou ignorante, feia ou culpada. As pessoas criadas assim tendem a esperar dificuldades ou castigo, para não falar daquelas que sofreram abuso sexual ou psicológico. Acreditam que não merecem nada.

Qual era o lema de sua família? Que mensagem subliminar seus pais lhe transmitiram?

Durante meus primeiros quatro anos e meio de vida, fui filho único e, só então, minha irmã Dossie nasceu. Ela é uma mulher inteligente e capaz, e nós dois sempre fomos pessoas independentes. Não competíamos um com o outro. Eu procurava ser um bom menino porque queria contribuir de alguma forma para a vida familiar, não por temer os castigos, nem porque exigissem isso de mim. Queria retribuir a meus pais com algo de que se orgulhassem. Tive as desilusões e problemas normais, mas também sabia que era amado e podia ir em frente, curando e sendo curado. Como diz Robert Frost em seu poema "A morte do empregado":

Seu lar é o lugar em que você é sempre bem recebido, toda vez que precisa ir até lá.

É assim que eu me sentia a respeito de minha família — sabia que sempre me receberiam.

Bobbie e eu nos casamos em 1954. Nos conhecíamos há um bom tempo e já vivíamos juntos antes do casamento.

Dei-lhe um livro chamado *Love* como lembrança de nosso 37º aniversário de casamento. Nele há "O diário de Adão e Eva", de Mark Twain. Adão e Eva estão escrevendo seus diários. As frases seguintes são do diário de Adão e expressam o que sinto a respeito do amor: "...é melhor estar fora do Paraíso com ela do que lá dentro sem ela". E no túmulo de Eva: "Onde quer que ela estivesse, *ali* era o Éden".

É o que sinto por Bobbie. Quando nos amamos, sinto que aquilo sim é que é viver. Também descrevemos nosso casamento como uma luta. Em *workshops*, Bobbie descreve-o como uma "luta difícil e prolongada". Às vezes, as pessoas ficam surpresas com isso, pois diz o mito que, se você está apaixonado, não briga. No entanto, depois de tantos anos, nós ainda andamos de mãos dadas e as pessoas também reparam nisso.

Adorei saber que Joseph Campbell descreve o casamento como "uma provação". Acho que essa palavra aplica-se a todas as relações afetivas — com o marido, com a mulher, com o amante, com o médico, com o paciente. Estamos tentando criar uma terceira entidade maior que as pessoas envolvidas. Numa entrevista com Michael Toms, no livro *An Open Life,* Campbell disse:

Toda a questão do casamento é a relação e a entrega. Conhecer as funções e saber que cada um desempenha um papel num organismo. Uma das coisas que compreendi, e as pessoas casadas há muito tempo compreendem, é que casamento não é um caso amoroso. Um caso amoroso significa a satisfação pessoal imediata, mas o casamento é uma provação. É entrega, tempo, entrega, tempo. Por isso é que é um sacramento. Você renuncia à sua comodidade pessoal para participar de uma relação afetiva. E, quando você se dá, não se dá à outra pessoa, mas ao relacionamento. E quando entende que está num relacionamento, exatamente como o outro também está, então ele se torna uma experiência revigorante e enriquecedora. Não um empobrecimento, porque você está se dando a alguém. Você entende o que quero dizer? Esse é o desafio de um casamento. Que coisa linda é uma vida em comum, de personalidades em processo de desenvolvimento, cada qual ajudando a outra a florescer, em vez de apenas entrar no arquétipo padronizado. É um momento maravilhoso quando as pessoas podem tomar a decisão de ser algo tão impressionante e inesperado, em vez de produtos feitos em série.

A vida é, na verdade, uma série de casamentos, quando nos envolvemos uns com os outros ao longo do caminho.

O poema "Um homem e uma mulher sentam-se lado a lado", de Robert Bly, no livro *Loving a Woman in Two Worlds,* refere-se a um homem e uma mulher ansiando por um terceiro corpo, querendo dizer que o "terceiro corpo" é o relacionamento. Assim como Bly e Campbell, acredito que criamos uma outra identidade, um terceiro elemento, um relacionamento, que deve ser revigorante e enriquecedor e deve permitir que cada uma das pessoas se torne seu verdadeiro eu. É uma batalha chegar lá; ao tentar realizar essa façanha passamos por conflitos e dificuldades. Mas se existe um compromisso, e se existe amor — o elemento-chave — então você entra na batalha.

Bobbie e eu criamos cinco filhos. Nossos caçulas são gêmeos, e nossas crianças nasceram num período de sete anos. Foi uma época exaustiva, física e emocionalmente. Sei que passamos dificuldades — é difícil dedicar 20% de seu tempo a cada filho. No entanto, apesar de tudo, sinto que nossos filhos se sentem seguros. Eles sabem que, embora não tenhamos sido e não sejamos os melhores pais do mundo, nós os amamos e ainda estamos procurando aprender. Não fizemos um curso de pais. Assim, pedimos desculpas e os ajudamos a ir em frente, e continuamos a nos amar.

Bobbie é filha única e, enquanto escrevo este livro, seus pais estão com mais de noventa anos (a mãe dela vai me matar por eu ter revelado sua idade). Seu pai era um homem de fibra. Apesar da surdez e de uma lesão na coluna vertebral devido a uma queda ocorrida há muitos anos — o que significa que ele não conseguia controlar a maior parte de seu corpo, nem mesmo ajeitar seu aparelho de surdez — ainda tem vontade de viver e de participar. Sempre admirei sua determinação. Ele ensinou muitas coisas a nossos filhos também — que o corpo físico não é nossa única razão de estar aqui, e que há muitas maneiras de contribuir para o mundo. (Não posso deixar de falar a respeito de seu senso de humor. Quando lhe pedi conselhos sobre como envelhecer, ele me respondeu: "Procure cair em cima de algo macio". Depois, acrescentou: "Mas uma vez, caí em cima de minha mulher e quebrei-lhe a perna". Sua conclusão: "Caia para o alto!" Ele faleceu em 23 de janeiro de 1993, depois que este livro já tinha sido escrito. Cansou-se de seu corpo e deixou-o pacificamente, aos 97 anos de idade).

Nossos filhos são todos adultos agora; e John Bradshaw expressa algo que eu lhes teria dito também: "Desculpem-me, perdoem-me por todas as coisas que não conhecia e não sabia fazer". Quando você tem cinco filhos, já aprendeu alguma coisa lá pelo quarto ou quinto. Nosso primogênito, Jonathan, perguntou-me, anos atrás: "Por que eles não tiveram de fazer coisas que eu tive de fazer?" E minha resposta foi: "Porque acabei finalmente aprendendo o que era importante. As coisas são difíceis para os primeiros filhos".

Num certo sentido, acho que nenhum de nós conhece de fato os filhos — o que eles viveram, sua experiência da família — talvez até que completem vinte ou trinta anos e estejam dispostos a falar conosco e nós, dispostos a ouvi-los. Talvez eles nunca queiram conversar, mas se quiserem, podemos resgatar nosso relacionamento. Mesmo que ninguém esteja disposto a conversar, você pode continuar expressando o seu amor. Todos precisamos disso. É o que leva à transformação. Não peça, nem exija amor. Dê. Ele retorna.

Bobbie e eu aprendemos muito com as dificuldades que enfrentamos. Acho que se fizéssemos uma lista de todas elas, as pessoas sabe-riam que nossa felicidade é uma opção, não uma questão de sorte.

Acho que a família é nosso maior mestre. Para mim, família significa um compartilhar de inadequações, imperfeições, sentimentos e amor entre seus membros. Mas mesmo quando você se dispõe a amar, nem sempre é uma pessoa agradável. E quando você não é perfeito, perdoar a si e aos outros torna-se algo importante. Aí você se levanta no dia seguinte e começa de novo. É um processo, como um botão de rosa que se abre. É um florescer.

# Abra-se Para o Amor: Saia de Seu Casulo

Se você ajudar uma borboleta a sair de seu casulo, ela morrerá. Ela tem de lutar. Todos — homens, mulheres, crianças — precisam lutar para revelar sua beleza. Em nossos *workshops*, tanto os homens quanto as mulheres, mas principalmente os homens, falam sobre o quanto é difícil se abrir, expressar seus sentimentos e suas emoções. Mas não acho que se possa acusar o sexo masculino ou a sociedade por fazer dos homens o que eles são. As diferenças entre homens e mulheres não derivam todas de nossa formação. Algumas são biológicas, embora os meninos sejam ensinados a ser fortes e corajosos, a não chorar e a não demonstrar seus sentimentos.

Num certo sentido, tanto os homens quanto as mulheres podem dar à luz a si mesmos; eles também podem ir até o fim de um trabalho de parto. Em *workshops*, às vezes dou uma tarefa às pessoas: "Escreva um poema dando à luz a si mesmo". Um homem chamado Harold Witt escreveu este poema tocante:

> Trabalho de parto? Sim, acho que é assim mesmo,
> trabalho duro, de qualquer forma, dar à luz uma criatura
> que sai das entranhas de alguém que era,
> em vez de só deixar o câncer avançar.
>
> Ainda no escuro, percebo certo fulgor.
> Força, força, e aparece um novo ser
> sabendo mais, mais brilhante, talvez mais magro
> se não o homem mais loiro de alguns anos atrás,
>
> dois de mim ainda, mas um se desvanecerá —
> aquele cara que pensava que viveria para sempre
> e dele esse outro está sendo feito,
> nenhum dos dois perfeito, mas valendo seu preço.

A verdade é que todos nós precisamos ser criaturas humanas, equilibradas, expressando-nos de maneira saudável, abertas a todas as nossas características, masculinas e femininas. Queremos que os homens sejam carinhosos e prestem atenção aos sentimentos; queremos que as mulheres sejam assertivas, que falem em alto e bom som, que expressem suas necessidades, para todos sermos seres humanos carinhosos e verdadeiros.

Já me perguntaram como foi que me abri. Acho que só existe uma razão que leva as pessoas a mudar — o seu sofrimento. Não gostam de sua maneira de sentir, de sua maneira de viver. Optei por lutar contra isso. Outros podem optar pelas drogas ou pelo suicídio quando se deparam com a dor.

Como disse, tive uma infância cheia de amor e tenho um casamento cheio de amor. Mas quando me tornei médico, comecei a construir muros à minha volta para proteger-me do sofrimento e da infelicidade que me cercavam. Apesar disso, era difícil lacrar esse sofrimento lá dentro, guardá-lo em meu íntimo. Aquilo fazia mal para mim, para minha família e para meus pacientes. A cidade murada é sufocante. Uma fenda no muro pode salvá-la. O socorro pode entrar pela fenda.

Quando criança, eu me interessava por arte; depois, tornou-se um *hobby*. Freqüentei cursos e me aperfeiçoei nesse campo. Mais tarde, como você já sabe, a arte ajudou a recuperar-me. Numa certa altura, quando estava sofrendo muito, utilizei a arte como forma de terapia. Pintei retratos da família e depois um de mim mesmo. Só depois é que percebi o quanto meu retrato estava doente. Pense bem. Peço-lhe que desenhe um auto-retrato. Você se coloca diante do artista, coloca um gorro, uma máscara e uma roupa branca. Bem, foi assim que me pintei, com gorro, máscara e roupa branca de cirurgião. Só meus olhos eram visíveis. Se você aparecesse na frente do pintor daquele jeito, ele lhe perguntaria: "Mas quem vai saber de quem é o retrato? Não consigo vê-lo".

Sim, eu estava escondido. Construíra um muro, e não tinha consciência dele. Não pintei ninguém da família daquele jeito. Aliás, foi difícil pintar Bobbie, porque queria que ela usasse um vestido de festa e o quadro simplesmente não saía. Um dia, ao chegarmos em casa depois de um passeio, ela saltou de sua bicicleta (uma Elgin, da Sears, que ela tem desde os nove anos de idade) e começou a empurrá-la; eu exclamei: "Ah!, enfim, esta é você!". Pintei-a de pé, segurando o guidom. Pintei o quadro com a maior facilidade e ele está pendurado na parede de nossa sala de visitas até hoje, porque aquela era Bobbie. Mas eu não sabia quem eu era. Até que comecei a resistir ao cerco; era doloroso demais. No entanto, o sofrimento que vemos como inimigo acaba por arrebentar os muros e salvar o ser que reside em seu interior.

Temos a história do homem a quem perguntaram por que não tivera nenhuma reação com a morte de sua mulher e ele confessou que simplesmente decidira não demonstrar sofrimento. Precisamos entender que esse também é um tipo de morte. É o que vejo em muitos médicos. Estão mortos por dentro e construíram muros em torno de si para se proteger. Não expressam emoções, mas elas estão lá dentro. Aprendi com minha família que essa não era uma boa forma de viver e que os muros não nos protegem de fato — eles nos asfixiam.

Portanto, meu sofrimento me transformou. Foi isso que me levou a querer amar mais, foi isso que me trouxe a este caminho. Quando olho para uma sala cheia de gente, sinto como se soubesse a história de todos que ali se encontram. Quando vou a um *workshop* e 150 pessoas se apresentam, é uma experiência extraordinariamente tocante. Muita gente diz que essa é a parte mais significativa do *workshop*: pelo simples fato de compartilharmos nossa dor e descobrirmos nossa capacidade de sobrevivência, damos força uns aos outros.

Lembro-me de um rabino dizer que se Deus era luz e amor e não houvesse ninguém com Ele lá em cima, devia sentir-se muito sozinho. Você precisa de espelhos para refletir e espalhar esse amor, e as pessoas são os espelhos. Esse é o nosso trabalho, continuar refletindo essa luz e esse amor, por livre e espontânea vontade. O que torna o trabalho significativo é a livre e espontânea vontade. Ela também torna a vida perigosa, porque as pessoas fazem opções que podem ser dolorosas e destrutivas. Mas, sem alternativas, o amor perde o sentido. Acho que foi por isso que Adão e Eva saíram do Paraíso, para mostrar que o amor, livremente manifestado, é mais significativo e restaurador do que qualquer outra coisa.

## Amor Incondicional

Certa vez, recebi uma carta de um homem que me perguntava como poderia chegar ao amor incondicional, principalmente quando os outros talvez não lhe retribuíssem. Não pude conter o riso com essa pergunta, pois "incondicional" significa não pretender receber nada em troca daquilo que se dá. Como diz Elisabeth Kübler-Ross: "É dar sem expectativas". Esta talvez seja a definição mais simples de amor incondicional.

Quando você dá amor e não espera nada em troca, você tem, de fato, alguma coisa. Quando você faz algo especial para alguém, não precisa ter toda a vizinhança aplaudindo. Você é recompensado pelo ato em si. O poema de Emily Dickinson citado no início deste capítulo refere-se a isso com grande beleza.

Você já salvou algum pássaro e depois o viu voando outra vez? Nossos filhos sempre tiveram muito amor pelos bichos. Mais de um veterinário usou nossa casa como local de recuperação de um animal. Eles sempre traziam bichinhos feridos para casa, principalmente pássaros. Lembro-me de um pássaro que se chocou contra a vitrine de uma loja. Bobbie e eu o trouxemos para casa, e ela o fez reviver. Dois dias depois, ele saiu voando. Certa vez, nossa filha Carolyn trouxe para casa um pombo chamado Louis (não me pergunte como ela sabia o nome dele), e ele ficou conosco durante várias semanas. Vivia no jardim, vinha tomar sua refeição da manhã todos os dias e, por fim, foi embora. Você sente que conseguiu fazer alguma coisa. O pássaro e sua família não têm de lhe agradecer ou de mandar um presente todos os anos. Você é recompensado por ter salvo uma vida. A recompensa está contida no que você fez, no ato de amor.

Quando damos amor, ficamos bonitos. Conheço um orientador educacional que diz aos alunos que não existem crianças feias, e as crianças acham que ele é doido. Mas depois entendem que ele quer dizer que quando estão dando amor, elas ficam bonitas. Sei de muitas histórias de pacientes que conservam sua beleza, por pior que seja sua aparência física.

Havia no hospital uma senhora que ficara paralítica; ela estava no pulmão artificial. Mesmo assim, ela conseguiu mandar um cartão de aniversário a todas as enfermeiras que cuidaram dela. Ninguém conseguia imaginar como ela sabia das datas de aniversário, ou como fazia para mandar cartões para todo o mundo, mas ela mandava. Ela era linda.

Se você pretende julgar e pesar as reações dos outros, está preparado para o amor condicional. Se dedica duas horas de seu tempo a alguém que só lhe retribui com uma hora, provavelmente você ficará magoado. Já vi pessoas morrendo, se queixando: "Nunca me retribuíram o que dei". Não acho que tenham amado de verdade; ficavam medindo e pesando tudo. Portanto, não meça e não pese, apenas dê, e veja o que acontece. A maior dádiva é o amor. Ele se reflete em você através de todos os que o rodeiam.

Em seu livro *The Direction of Human Development*, Ashley Montagu escreve:

> Amor implica sentir um profundo envolvimento com outra pessoa, e amar significa comunicar essa sensação ao outro. O amor é incondicional, não faz barganhas e não se vende a ninguém por nada. O amor apóia. O amor é firme. O amor é a maior necessidade do organismo humano depois do nascimento. O amor é recípro-

co em seus efeitos e tão benéfico a quem dá quanto a quem recebe.
O amor é criativo. O amor amplia a capacidade dos que são amados...

O amor é terno.

O amor é alegre.

O amor é corajoso.

O amor possibilita tratar a vida como uma obra de arte.

O amor é uma atitude mental e, enquanto forma de comportamento, é o melhor e mais eficiente de todos os processos de ajustamento em capacitar o ser humano a adaptar-se a seu meio ambiente.

Para o indivíduo e para a espécie, o amor é a forma de comportamento que possui a maior força de sobrevivência.

Ashley Montagu também me ajudou ao dizer que, quando você tiver dificuldades com uma pessoa, "aja como se a amasse". Ao fazer essa opção — que não é um faz-de-conta, mas uma opção de amar — ajudei a mim e a todos os que se relacionam comigo. É o que sempre procuro transmitir às pessoas — que o amor cura. Ele pode não resolver todos os males, mas pode resgatar toda a vida.

## Quem Apóia e Quem Cuida

Quando damos amor, ele alimenta tanto quem o dá quanto quem o recebe. Não temos condições de curar nossos entes queridos, nem de eliminar seus problemas, mas podemos apoiá-los com nosso amor. O importante para quem serve de apoio é lembrar-se de dar ao marido, à mulher, ao amante, ao filho — seja quem for — amor. E ouvir, mas também permitir que sofram suas doenças. A doença é deles; portanto não gere culpa com perguntas como: "Você meditou? Comeu seus legumes? Tomou seu remédio?". Quando escutam isso o tempo todo, não vão mais querer ouvi-lo. Você pode coletar informações e dar-lhes recursos materiais; mas, se jogarem tudo fora, a opção é deles. Você não quer que o rejeitem. Se tiverem seu amor, irão descobrir seu próprio caminho. Você tem de permitir que eles descubram o próprio caminho, mesmo que seja diferente daquilo que você gostaria que fosse. Portanto, dê-lhes recursos, mas não faça o sermão.

Também é importante descobrir seu próprio ponto de apoio e fazer as coisas que recomenda à pessoa doente. Todos nós somos mortais. Coma as coisas que lhe fazem bem, medite, faça exercícios, massagem, mantenha um diário, forme um grupo. O que quero dizer é que, se você está vivo, essas coisas vão lhe fazer bem. Acima de tudo, procure apoio e uma terapia para poder expressar seus sentimentos e dificuldades de forma sadia, em vez de atacar a pessoa doente. Se você está com raiva de seu ente querido, de Deus ou de outra pessoa, expresse esses sentimentos de forma apropriada e segura.

Anita Tejedat é uma amiga que se tornou muito especial para mim. Nós nos conhecemos num *workshop* e mantivemos o contato depois. Seu marido está doente. Ela tem o hábito de acordar no meio da noite e anotar seus pensamentos ou, melhor dizendo, deixar que eles se escrevam. Um texto que me mandou chamava-se "E quanto a mim?", e dizia o seguinte:

E quanto à pessoa que não está doente? Sim, e quanto a mim? O que estou fazendo? Ninguém nunca me pergunta. Um pensamento egoísta quando não sou eu quem está doente. Não, minha dor não tem um rótulo médico, meu medo é abstrato, não há remédio que possa curá-lo. É a dor de compartilhar minha vida, meu amor, minhas esperanças, meus sonhos e meu futuro com alguém cuja vida parece despedaçada, e de quem todas essas coisas foram roubadas. Como estou? Bem, já que você perguntou, estou aterrorizada. Estou com muito medo de amar de forma absoluta, agora, pois a perda será grande demais. Estou com muito medo porque, na verdade, estou com raiva e quero gritar contra Deus: "Qual é a sua?". Ou para meu amor que está doente: "Saia dessa, faça essa doença desaparecer". Ou para os amigos e familiares que se lamentam por trivialidades: "Diabos, calem a boca, vocês não sabem a sorte que têm". Estou com muito medo porque minha vida, meu amor, minhas esperanças, meus sonhos e meu futuro estão tão ligados aos do meu amor que me pergunto o que vai ser de mim. Estou com muito medo porque vejo e vivo a realidade daquilo que é, ainda anseio pelo idealismo que sempre tive e me pergunto se não estou me iludindo. Talvez você possa rezar para eu ter coragem, para poder prosseguir e continuar cuidando.

Acho que, no fundo, Anita sabe as respostas. Ela escreveu-me outra carta, ao amanhecer de um novo dia:

Quando alguém que você ama está se desintegrando com a temida doença que parece consumi-lo aos poucos, você é tomado pelo medo, pela raiva, pela recusa e sente-se impotente. O que posso fazer? Qual é o sentido de tudo isso? "Por que, meu Deus, por quê?" Esta é uma pergunta que não pára de vir à cabeça. Você ouviu dizer que, quando se tem saúde, se tem tudo. Fico pensando nisso. Será? Meu adorado marido está doente. Vivo, sinto e respiro essas coisas e estou sempre com a cabeça cheia de dúvidas. Mas descobri uma das respostas. Mando-a para você. Não, não é verdade que, quando você tem saúde, tem tudo. A verdade é que, se você tiver alguém que realmente o ame, mesmo que você não tenha saúde, você tem tudo. É mais fácil comprar saúde do que comprar amor. Nenhuma quantidade de dinheiro pode comprá-lo. O amor é um presente gratuito. Ele pode nos dar toda a força necessária para seguirmos em frente quando não há mais nada a fazer... Dizer em meio ao silêncio: "Adoro você. Odeio isso. Estou aqui. Se meu amor pudesse curá-lo, você ficaria bom instantaneamente. Vamos superar tudo isso. Vamos vencer essa coisa". E, do fundo do coração, sinto que nosso amor é melhor que tudo o mais, mais rico que tudo o mais, mais saudável que tudo o mais e se elevará acima de tudo o mais, sim, pode até curar. Não, quando você tem saúde, você não tem tudo, mas quando tem um coração, uma alma ligada à sua, seja de mulher, de marido, de filho, de amigo, de amante, de pai ou de mãe, irmã, irmão, médico, enfermeira, seja de quem for, que lhe diz: "Eu te amo, estou aqui", você tem tudo.

Eu não saberia dizer isso melhor. Todos precisamos cuidar uns dos outros, amar e estar perto.

Anita agora está organizando *workshops* para os familiares e pessoas que dão apoio a doentes graves. Precisamos aprender a impedir que a doença contamine nossas relações afetivas.

Outra pessoa que transformou seu sofrimento num estímulo foi Maggie Strong. Ela escreveu um belo livro chamado *Mainstay,* sobre o lado da família que convive com uma doença crônica, e sobre a raiva, o cansaço, o medo e a luta para manter a si, ao marido e aos dois filhos a salvo, durante a doença dele. Ela conta como aprendeu a aceitar amor e ajuda de amigos e familiares, e como aprendeu a atribuir parte da responsabilidade a ele. Ela diz, em *Mainstay*:

Ficar cronicamente doente é perder-se enquanto pessoa sadia: você chora e lamenta. Estar casado com um doente e ver o homem ou a mulher que você ama sofrendo significa que você sente grande pesar. Você chora e lamenta o casamento perdido, a família perdida, o sofrimento do outro e seu eu perdido — ou eu que devia sentir-se dependente, que poderia pedir complacência, o eu despreocupado. E, com uma doença crônica, você chora e lamenta a sexualidade perdida ou limitada.

Por sentir-se tão desesperadamente sozinha, ela fundou uma organização chamada Well Spouse Foundation (O cônjuge bom) para outras pessoas na mesma situação.

Enquanto pessoa "sadia", que cuida de alguém doente, você tem de dar um jeito de conseguir tempo para si, para não adoecer e assim poder recuperar-se e ter alguma liberdade. O que a doença na família vai fazer com as crianças se você não der um exemplo saudável e mostrar-lhes como enfrentar as doenças e as adversidades? Lembre-se de que suas atitudes em relação à vida são transmitidas aos filhos. Existe também uma genética psicológica.

## Criando Filhos Saudáveis

Já ouvi muita gente falar do "mal" que os pais lhes fizeram, e já vi muita preocupação de pais e mães no sentido de não transmitir seus traumas aos filhos. Em primeiríssimo lugar, não culpo os pais, pois eles também tiveram pais. E, se quisermos acusar, não temos a quem. Mas, depois que o mal já foi feito, você é quem tem de desfazê-lo. É sua responsabilidade. Que inclui pesar, um período de luto e de indignação. Sei que os maus-tratos físicos e psíquicos que algumas pessoas sofreram foram terríveis, mas você pode curar-se. Pode ficar livre dessa dor. Você é a solução; esse é o segundo ponto a ser compreendido.

Quando Keith ficou com raiva de mim por não ser o pai que ele gostaria que eu fosse, eu lhe disse: "Faça um desenho meu, deitado num sofá, completamente bêbado. Você vai continuar infeliz e me acusar ou vai pensar: 'Bem, ele não tem jeito, vou ter de tomar uma providência eu mesmo'?" Entenda que você é responsável por sua recuperação e transformação e, quando você se transforma, literalmente, é provável que resgate seus pais e toda a sua família, porque você se desloca para uma posição em que consegue compreender, perdoar e amar. Keith fez tudo isso por nós.

Não estou dizendo que sou uma perfeição em matéria de criar filhos. Eu teria me saído melhor se, além dos trinta anos passados com eles, tivesse feito um bom curso. É por isso que os avós costumam ser melhores nessa área do que os pais. Possuem a experiência — o curso de treinamento — e são mais hábeis com a segunda turma.

Quando você tem filhos, pode ter a certeza de que eles sabem que você é imperfeito. Não tenha medo de compartilhar suas inadequações e sentimentos. Diga às crianças que não há nada de errado em ficar com raiva de você e que não se preocupem se isso acontecer. Vão continuar amando e transformando você. Certa vez, quando nosso filho Jeffrey não passava de um fedelho e me encheu a paciência, corri atrás dele pela cozinha, agarrei-o e estava para lhe dar umas palmadas quando ele bradou: "Você não pode me bater". "Por que não?", perguntei. Ele respondeu: "Porque sou uma pessoa. E, se você me bater, chamo a polícia". Aquela bela verdade me fez parar ali mesmo, rir, e amá-lo ainda mais. Depois disso, nunca mais bati num filho.

Ouça seu filho. Verbalize seu amor, mostre seu amor. Faça seu filho saber que ele é amado, apesar de tudo. Em outras palavras, ame incondicionalmente. Deixe claro que ele não tem de ser perfeito fisicamente, nem tirar as melhores notas na escola. Adotar essa atitude não significa que você não discipline seu filho ou que aprove tudo o que ele faz. Entretanto, conversem sobre essas coisas. Se você não foi amado, vai ser uma tarefa dura para você e para seus filhos.

Há pouco tempo, assisti a um vídeo do terapeuta Gary Smalley. Ele mostra um violino Stradivarius ao público e as pessoas ficam muito admiradas.

Costumo pegar crianças no colo ou mostrar-lhes fotografias de outras crianças em meus *workshops*, e as pessoas reagem como se vissem um 'Stradivarius'.

O que acontece quando crescemos? A admiração, o encantamento, o potencial e o respeito estão perdidos.

Uma criança precisa conhecer certas regras necessárias em nossa sociedade. Com amor e disciplina se educa uma criança sadia, uma criança que pode satisfazer suas necessidades de forma apropriada e que não precisa lançar mão dos vícios que hoje em dia vemos em tantas delas — nem de suicídio ou outro comportamento autodestrutivo e patológico.

Acredito que todas as pessoas problemáticas foram criadas sem o amor e o apoio que a família pode dar. Quando as crianças não recebem um amor saudável, procuram um amor que possam controlar; tornam-se viciadas, tentando obter o que não receberam dos pais e chegando, às vezes, a cometer suicídio, em vez de destruir seu lado doentio e se modificar.

Você pode ajudar as crianças a se tornarem mais sadias, mesmo que não tenha filhos. Quando minha irmã e eu estávamos discutindo sobre os dizeres a colocar na lápide do túmulo de meu pai, fiquei impressionado, ao passar por um cemitério em Cape Cod, com o fato de as pessoas registrarem nos túmulos o número de anos, meses e dias que alguém viveu. E pensei no quanto esses momentos devem ter sido importantes para essas pessoas. Mas minha irmã achou que enfatizava demais o tempo, e ela queria que os dizeres fossem: "Marido, pai, avô, bisavô", o que para mim enfatizava demais os relacionamentos. Acho que as pessoas podem ter vivido uma existência em que o fato de terem filhos não foi o mais importante. O mundo pode ter sido seu filho.

Hoje em dia, estou muito consciente do sofrimento e dos maus-tratos pelos quais muitas crianças passam, pois faço conferências para alunos de segundo grau, e de faculdades. Poucas crianças parecem acreditar que seus pais realmente as amam, as protegeriam ou lutariam por elas. Muitas se sentem fracassadas. Algumas (30% em alguns estudos) pensaram seriamente em suicídio. Parte do motivo pelo qual vou a escolas é para garantir aos alunos que alguém se importa com eles. Espero que você pense na possibilidade de conhecer um número maior de jovens. Converse com eles — fale com eles sobre si e sobre sua vida. O que você diz não é o mais importante; o importante é que você esteja conversando, compartilhando algo com eles. Isso significa que eles valem alguma coisa.

Um de meus livros favoritos é *The Humam Comedy*, de William Saroyan. Uma professora fala com seus alunos. O que ela diz me faz lembrar muito dos meus pais:

Fico ansiosa para que meus meninos e meninas se empenhem, façam o bem e cresçam dignos. O que minhas crianças aparentam ser na superfície não tem importância para mim. Não me deixo enganar por boas maneiras, nem por mau comportamento. Estou interessada no que está realmente "por trás" de cada atitude. Se as crianças de minha classe são humanas, não quero que sejam seres humanos idênticos. Se não são corruptas, não tem importância para mim o quanto diferem umas das outras. Quero que minhas crianças sejam elas mesmas. Quero que minhas crianças sejam pessoas, todas elas distintas, todas elas especiais, cada qual uma variação agradável e estimulante de todas as outras. Quero que saibam que cada uma delas só começará a ser realmente humana quando, apesar da natural antipatia que nutrem umas pelas outras, ainda se respeitarem. E isso significa ser civilizado. Antes de irem muito longe no mundo, vão ouvir muitas risadas e não somente o riso dos homens, mas a risada zombeteira das próprias coisas, procurando embaraçá-los e retê-los. Mas sei que não vão prestar atenção a esse riso.

Essa professora deu um grande presente a seus alunos — saber que podem ir em frente, em meio a risos ou críticas, e saber que foram amados.

Todas as crianças são amáveis. Procure manter a percepção dessa capacidade de inspirar amor que existe em seus filhos e em você mesmo. Deixe que se expressem. Tenha retratos deles à vista, em sua mesa de trabalho e em casa, em cima dos móveis ou nas paredes, para que eles as vejam e saibam que são amados e valorizados (inclua seus próprios retratos de bebê). Nossa sala de visitas está cheia de coisas que as crianças fizeram ao longo dos anos. Nós as colocamos lá quando estavam no primeiro grau, e elas ainda estão no mesmo lugar, vinte anos depois. Faça com que seus filhos saibam que são criativos e maravilhosos.

Os pais de Susan Duffy nunca tiraram uma foto dela. Eles eram corretores de imóveis. Tiravam retratos de casas. Ela não tem provas materiais de si mesma como criança amada. Quando você cresce com mensagens que dizem: "Você é lindo e adorável", é muito mais fácil tornar-se um adulto que se abre, que aproveita uma chance e até se machuca.

Há muitos anos, quando eu estava em Boulder, no Colorado, conheci algumas pessoas que participavam de um grupo que se dedicava a combater os maus-tratos infligidos a crianças. Deram-me um texto intitulado "Psico-história em ação", escrito por Robert McPharland e Kathleen Linden. "Psico-história" baseia-se em que, quando há mudanças nos métodos de educação infantil, a sociedade pode sofrer alterações históricas. Em 1983, depois do assassinato de um menino de três anos, pela mãe e seu namorado, um dos participantes do grupo iniciou um debate público para criar um programa comunitário de prevenção contra maus-tratos a crianças.

Todos os pais precisam de ajuda quando têm um filho. Todos os pais têm vontade de bater nos filhos em certas ocasiões. Mas é possível evitar os maus-tratos a crianças. Acho que poderíamos tomar mais providências para evitá-los, se compartilhássemos nossos sentimentos, antes de nos tornar nós mesmos os agressores. Saber que somos capazes de infligi-los é o primeiro passo para não concretizá-los. Temos de olhar para nosso lado escuro, para nossa sombra, para todas as partes nossas das quais talvez não gostemos. Quando temos uma percepção consciente delas, não precisamos praticá-las.

Pode parecer bobagem, mas gostaria de oferecer um diploma de formatura para os pais. Talvez, quando a criança fosse concebida, os futuros pais tivessem que participar de um grupo para poder compartilhar seus sentimentos. Poderíamos insistir que freqüentassem o grupo como parte de seus cuidados médicos, assim como insistimos por tantas outras coisas na sociedade. E, então, teríamos grupos de pais, terapeutas e avós. Poderíamos começar quando as pessoas estivessem no colegial, ou até antes. O parto e os cuidados com o bebê fariam parte das discussões. Depois do nascimento, talvez durante um, dois ou três anos, a mãe e o pai continuariam participando de um grupo com outros pais, avós e terapeutas, para poderem dividir suas frustrações e sofrimentos.

Provavelmente, as crianças não sofreriam maus-tratos em tempos difíceis; os pais poderiam expressar sua raiva e outros sentimentos dentro do grupo e receber amor de volta. Aprenderiam que a raiva pode ser expressa de maneira adequada. Quandos os sentimentos se manifestam de maneira saudável, não culpamos os filhos. E quando um grupo é constituído de pessoas com problemas comuns, seja câncer, Aids, paraplegia ou preocupações com os filhos, em que todo o mundo conhece os problemas de todo o mundo, podem disciplinar-se e ajudar a encontrar formas de melhorar suas vidas. Não há necessidade de prosseguir com os maus-tratos. Também poderíamos ensinar as pessoas a conversar com as crianças, para que elas não se sentissem inadequadas e pudessem, enfim, tornar-se pais e mães sadios.

Reconheço que, como pai, às vezes me sinto culpado porque meus julgamentos nem sempre foram corretos. Quando uma das crianças se queixava, "Minha perna está doendo", eu a mandava tomar um banho quente, mas talvez essa não fosse a melhor solução. Quando uma criança reclama de dor na perna, não podemos, antes de tudo, achar que é sarcoma osteogênico, mas ela pode ter caído e se machucado, ou pode ter distendido um músculo. Nós nos sentimos culpados de vez em quando, mas pode ser uma culpa sadia se depois formos lá e perguntarmos: "O que posso fazer agora? Como poderia expressar o meu amor? Como ajudar meu filho, em vez de ficar punindo a mim e a ele? O que de bom pode resultar disso?" Pessoas sadias e carinhosas não se deixam consumir por culpa, faltas, censuras e vergonha. Tocam em frente.

# 3
# Cure a Si Mesmo: Uma Série de Medidas Caseiras Para Você se Recuperar

*Os grandes eventos da história mundial são, na verdade, profundamente insignificantes. Em última análise, o essencial é a vida do indivíduo. Só isso faz história; só aqui ocorrem as grandes transformações... em nossa vida mais íntima e subjetiva não somos apenas testemunhas passivas de nossa época e suas vítimas, mas também seus criadores.*

Carl G. Jung
*Civilization in Transition*

# O Novo Dia

Certa vez, quando proferia conferências em Toronto, conheci uma mulher maravilhosa chamada Fay Finkelstein. Fora sempre uma batalhadora, lutando com as probabilidades e com a estatística. Quando teve câncer de fígado, também entrou em combate. Escreveu uma carta para uma sueca que, como ela, desenvolvera um tumor de fígado. Quero citar um trecho dessa carta, porque é muito eloqüente a respeito de amar, viver e passar bem. Fay escreveu o seguinte:

Oi, estou escrevendo a pedido do dr. Bernie Siegel e do irmão de seu noivo. Também estou escrevendo por vontade própria. Sei que você tem câncer no fígado. Há um ano, disseram-me que eu tinha seis meses de vida. Não morri. Não pretendo morrer tão cedo. Os conselhos que posso lhe dar foram os que funcionaram para mim. Primeiro, não acredite em ninguém que diga quando você vai morrer. Segundo, ninguém sabe quando outra pessoa vai morrer. Terceiro, câncer de fígado não significa necessariamente morte. Quatro, se quiser viver, lute. Quinto, afaste-se de todos aqueles que não apoiarem qualquer coisa que você resolva fazer em benefício próprio, o que inclui também os familiares. Sexto, descubra algo — qualquer coisa — que você goste realmente de fazer e mergulhe completamente nessa atividade. Ela vai se tornar uma espécie de meditação para você. Vai afastar sua atenção da doença e permitir que o corpo se cure. Sétimo, se o médico oferecer-lhe um tratamento e você acreditar nele, faça-o. Oitavo, acredite em si mesma. Nono, morte não é fracasso. Todos morrem. Mas dê todas as oportunidades à vida. Submeti-me a vários tipos de quimioterapia durante mais de dois anos. As drogas nas quais eu acreditei funcionaram, aquelas em que não acreditei não só não funcionaram, como os tumores até cresceram.

Num *workshop*, Fay ouviu-me contar a história de um advogado que, na verdade, queria ser violinista, mas não conseguiu por causa dos pais. Quando soube que tinha um tumor no cérebro e apenas um ano de vida, abandonou seu escritório de advocacia e pegou o violino. Um ano depois, estava tocando numa orquestra sem qualquer sinal do tumor. Fay contou-me que, ao escutar isso, deu uma cotoveladinha no marido e pediu-lhe: "Vamos comprar um piano ao voltar para casa". Também fez questão que ele lhe levasse um teclado, quando foi ao hospital fazer um transplante de medula, um teclado que pudesse ficar na UTI com ela. Sua carta continua:

Adoro tocar. Toco piano duas horas por dia. Tem sido minha forma de meditar. Livrei-me de muitas pressões de minha vida. Não recuso a ajuda de ninguém que realmente queira fazer algo por mim. Até peço ajuda quando sinto que preciso. Não demonstro mais um falso orgulho. Orgulho é amar a si mesmo, e eu amo a mim mesma, seja o que for que esteja aparentando ou sentindo. Faça o que lhe parecer bom. Não deixe os outros lhe dizerem que você vai viver ou morrer — você decide. O que importa mesmo não são os anos que passamos aqui na Terra, mas o que fazemos com o tempo de que dispomos. Posso viver mais duas semanas ou mais dois anos e até chegar a ser uma mulher idosa. Seja qual for o tempo de que disponho, estou desfrutando a minha vida.

Na cozinha de nossa casa de Cape Cod temos uma toalha bordada por Fay em ponto de cruz, com um poema intitulado "O Novo Dia":

É o começo de um novo dia.
Deus me deu esse dia para usar como quiser.
Posso desperdiçá-lo; ou usá-lo para o bem.
O que faço é importante porque
Estou dando em troca um dia de minha vida.
Quero que seja
    Lucro, não perda;
    Bem, não mal;
    Sucesso, não fracasso;
para eu não me arrepender
do preço que paguei por ele.

Uma das pessoas que exercerá o papel mais importante em sua vida, como Fay descobriu, será seu médico. Ela ajudou o dela a vê-la como sobrevivente, não como um dado estatístico.

## Descubra um Médico Para Fazer Parte de Sua Equipe

Conheci um oncologista, o dr. Salvatore Scialla, de Scranton, Pennsylvania, que dizia: "Vejo minha relação com o paciente como um casamento". Este é o tipo de médico que você quer. Já ouvi seus pacientes dizerem: "Ele não me faz perder a força. Sinto-me seguro em seu consultório". É isso o que você quer sentir: duas pessoas formando um laço que tem vida própria.

Uso as palavras-chave *casamento* ou *relação amorosa* para sugerir que você e seu médico estão juntos num momento difícil e que juntos vão enfrentar os problemas que surgirem. Há um compromisso de ambas as partes. As duas pessoas estão interessadas não apenas em si mesmas, mas em atitudes vitalizadoras, revigorantes, que lhe permitem ser um indivíduo único, que luta pela própria vida. Não se trata apenas de sua doença, mas do que você vive enquanto pessoa completa, quer tenha ou não o apoio e os cuidados do médico. Lembre-se de que todo médico é um assistente, um auxiliar.

Trata-se da sua vida, não da vida do médico. O médico não é obrigado a concordar com tudo o que você está fazendo. Pode haver certo conflito entre vocês, pois o conflito ainda é uma forma de comunicação. Dificuldades são coisas que vocês podem analisar e tentar resolver. Vocês são "aliados de guerra" combatendo um inimigo comum. Ambos têm um compromisso com a relação de vocês — não com o que cada indivíduo faz, ou com o tratamento, mas com a relação. Gosto da expressão *aliados de guerra,* pois sugere que, embora existam discordâncias entre vocês, estão lutando juntos. Num certo sentido, até a guerra pode ser uma forma de comunicação.

Quando você tem uma consulta com um médico, em geral está se sentindo vulnerável, e o médico parece muito poderoso. Mas, no trabalho conjunto, seu eu pessoal tem de prevalecer. Não se deixe intimidar.

Conheço alguns pacientes que foram totalmente sinceros com o médico, e através dessa sinceridade, acabaram se abraçando e chorando juntos. Se você se mostrar sincero e confiante e não houver reciprocidade, se não sentir a presença de um ser humano do outro lado da mesa, levante-se e vá embora.

Alguns podem dizer: "Mas não posso me levantar. Ele pertence ao meu plano de saúde". Pois bem, vou contar o que fez uma mulher. Ela foi ao consultório indicado pelo plano de saúde, com seu advogado, sentou-se na frente do médico e declarou: "Nós dois não temos um bom relacionamento. É destrutivo para mim num momento em que estou lutando contra o câncer. Quero ser atendida por outro médico, e o plano de saúde vai continuar pagando. Meu advogado está aqui para resolver os detalhes". Levantou-se e saiu. Conheci-a numa palestra sobre oncologia, na qual ela falou com oncologistas a respeito de sobrevivência. Não tenha medo de trocar de médico (ou de tratá-lo pelo nome de batismo).

Uma das coisas que sempre aconselhei a nossos filhos é que, se estiverem viajando e se machucarem ou adoecerem e forem parar num pronto-socorro, devem perguntar às enfermeiras a quem elas recorreriam se estivessem com o mesmo problema. Você também pode fazer isso falando com a ala de oncologia ou a enfermeira da cardiologia. As enfermeiras são, provavelmente, as que possuem melhores condições de recomendar um médico competente e carinhoso.

Quando isso não funciona, como encontrar um médico? Você vai ter de fazer uma pesquisa. Faça perguntas. Há pessoas que se sentam nas salas de espera dos consultórios só para observar os médicos e sua equipe e avaliar a impressão que lhes causam. Você pode entrevistar o médico, marcar uma hora para conversar com ele. Às vezes, o médico pode estar muito ocupado. Se no começo ele não tiver tempo para sentar-se e ouvir, você pode comunicar-se por carta.

Uma mulher disse ter perguntado simplesmente ao médico: "Você acredita em mim?". Faça esse tipo de pergunta. Pergunte ao médico se ele respeitará sua pessoa e suas idéias. Você está vivendo uma situa-ção única e quer que o médico cuide de você, não apenas de sua doença.

Um conceito de importância incrível para mim é o de "nativo" e "turista". O que você quer é descobrir um médico que saiba o que é ser um "nativo". Em seu livro *Patient Encounters: The Experience of Disease*, James Buchanan diz que o médico é um viajante num país estrangeiro:

> Toda essa história de morrer é totalmente mal entendida pelos vivos. As mais variadas visitas — os que lhe desejam saúde, familiares consternados, médicos cuidadosos, enfermeiras distraídas, atendentes com má vontade — que se recebe ao longo de todo o dia são viajantes num país estrangeiro. Entram na corte e no reino do paciente, mas só para tratar das questões oficiais de importação e exportação; não se demoram, nem adotam os costumes locais do país dentro do qual se encontram. Na verdade, há uma arrogância, até mesmo insolência nesses turistas que é o isolamento no qual se protegem contra a contaminação da morte. Afinal, o que sabem da dor, do suor e da incontinência, da putrefação de carne decomposta e da humilhação suprema de não controlar a bexiga e os intestinos? Medem a sua febre, mas não a sofrem. Estudam o seu sangue,

mas não sangram. Apalpam-lhe o fígado, o baço, as entranhas; mas não os sentem. Ouvem seu coração, mas não percebem suas batidas fracas; medem sua pressão sangüínea, mas não sentem sua intensidade; olham com curiosa naturalidade os vários interstícios, buracos, desfiladeiros, crateras de seu corpo e, apesar disso, nunca fazem parte da grande caverna em que você se transforma. São hóspedes, não-residentes, dessa casa da morte que você habita. Como poderiam entender?

Só o nativo experimenta a doença, e a doença é sempre única para esse nativo. Portanto, certifique-se de que sua experiência chama a atenção do médico e que suas necessidades particulares serão satisfeitas. O médico não está apenas tratando a doença mecanicamente. Em meu trabalho, descobri que todos temos um grande potencial, mas apenas uma minoria está disposta e não tem medo de ser extraordinária e expressar sua individualidade.

## Pacientes Extraordinários: Abertura Para a Inspiração

O que significa ser um paciente extraordinário? Volto no tempo, há quinze anos, quando Bobbie batizou de "pacientes extraordinários de câncer" as primeiras pessoas que vieram às nossas reuniões. Essas pessoas tinham certas características, e uma delas era estarem dispostas a fazer opções. Estavam abertas e aventuravam-se. Não quero dizer que corressem riscos desnecessários ou jogassem com a própria vida, mas aventurar-se era algo ligado a viver. Gosto de pensar nisso como uma abertura para a inspiração. Estavam prontas para experimentar coisas novas, fosse boiar numa banheira de água quente, comer legumes, fazer massagem ou tentar toda uma série de terapias. Escolhiam o que era certo para elas naquele momento. Se não funcionasse, paravam. Quando um recurso lhes trazia benefícios, continuavam. Não corriam para os outros, pedindo-lhes para resolver por elas o que fazer com a vida. Aprendiam com os outros, mas não deixavam os outros escolherem por elas.

Pacientes extraordinários assumem responsabilidades. Não têm medo do fracasso e concentram-se em suas possibilidades. Não dizem: "Se eu não fizer isso direito e não me curar, terei fracassado". Para eles, a letra "F" representa *feedback*, não fracasso (observe que a diferença entre as palavras *ordinário* e *extraordinário* está no *extra*). Nenhum de nós é eterno, mas, apesar disso, vejo realmente os pacientes extraordinários como sobreviventes.

Certa vez, quando estava no Colorado, conheci uma jovem que disse: "Parei de usar fio dental e cinto de segurança no carro quando me comunicaram que eu iria morrer dali a seis meses. Depois voltei a usar fio dental e o cinto de segurança e senti que havia algo em mim optando novamente pela vida". Ela submeteu-se a uma cirurgia e quimioterapia em sua luta pela vida. À medida que seu cabelo caía, ela o guardava numa cestinha; deu-lhe um nome e transformou-o em seu animal de estimação. "Que coisa repugnante", diziam-lhe os amigos. Mas eu ri e lhe garanti que achava incrível. Era um comportamento de sobrevivência. Agora, ela está viva e bem de saúde.

Uma qualidade que todos os sobreviventes parecem ter é senso de humor, até quando cercados pela adversidade. Uma mulher usava um nariz de bichinho de borracha, cada vez que ia consultar seu médico. Na terceira semana, comentou: "Meu médico notou, e sorriu". Outra, fantasiava-se com roupa de dança do ventre; outra, vestiu uma roupa de médico. Uma envergava um uniforme do exército para sentir-se mais confiante, e outra usava um suéter com os dizeres: "Abraços fazem bem à saúde". Ela perseguia seu médico no consultório; agora ele aceita seus abraços. Os médicos também podem começar a ter senso de humor. Como um deles que, aproximando-se de uma senhora com uma seringa para aplicar-lhe a quimioterapia advertiu: "Não se preocupe, vou descobrir se isso vai matá-la". Henry Youngman conta a história de um médico que disse a um paciente: "Você tem seis meses de vida". Quando o homem replicou: "Não vou poder pagá-lo em seis meses", o médico disse: "Bem, então vou lhe dar mais seis meses". E as risadas fizeram os dois sentirem-se melhor.

Uma mulher mandou a seu médico um cartão de aniversário muito bem-humorado. Ele adorou e, na semana seguinte, quando ela veio para a quimioterapia, ele perguntou: "Onde está o meu cartão?". Ela explicou: "Aquele foi pelo seu aniversário". E ele insistiu: "Mas me ajudou durante a semana toda. Quero um cartão bem-humorado todas as semanas". Depois ela me revelou: "Levei um bom tempo para entender o que ele fez por mim. Eu passava meia hora por semana numa loja escolhendo um cartão bem-humorado para ele, rindo e me divertindo".

Conheci uma jovem maravilhosa, com muito senso de humor. Ela me contou: "Disseram-me que eu morreria na época do Natal, mas eu respondi que não morreria, não. O médico perguntou: "Como pode ter tanta certeza?". E ela explicou: "Eu trabalho com presentes. Ficamos tão ocupados, que *ninguém* desse ramo morre no Natal". E isso a ajudou a sobreviver. Quando ela se queixou por ter de estar sempre com aquela bomba de quimioterapia a reboque, brinquei com ela fazendo um trocadilho: "Mas você é a mulher-dragão". Ela sorriu, tornou-se "A Mulher-Dragão" e passou a utilizar os dragões em suas visualizações para ajudá-la a combater a doença.

Você é capaz de ser extraordinário? É óbvio que sim. O que significa isso? Significa participar e entender: "Tenho um papel aqui. Não sou o sofredor submisso que a palavra *paciente* implica; não estou disposto a passar por qualquer coisa sem reclamar e sem criar qualquer confusão; talvez no meu relatório médico conste que gosto de *interferir*, que *não coopero* ou que sou um paciente *difícil*".

Se você for chamado de "paciente difícil" pela equipe do hospital, talvez seja por ter feito perguntas e estar se comportando como um indivíduo — quer isso signifique não usar as roupas do hospital, fazer uma série de perguntas, ou raramente estar em seu quarto. Você é considerado um problema, mas essas são atitudes de um sobrevivente. Não se trata, de fato, de criar dificuldades ou arranjar inimigos.

Uma mulher escreveu-me contando que havia educado seu médico residente a bater obedientemente à porta e não incomodá-la se ela estivesse no que chamava de sua "ligação amorosa", querendo fazer um telefonema interurbano para a família. Ensinou seu oncologista a sentar-se e olhá-la nos olhos em vez de ir saindo e perguntando: "Alguma dúvida?" Interrogava as enfermeiras a respeito de todo tratamento que não entendia. Ela teve a sorte de poder contar com boas enfermeiras, que respondiam às suas perguntas e a respeitavam. Em vez de menosprezá-la, deram-lhe força. Só deixava dois flebotomistas tocarem sua única veia boa, e qualquer pessoa que quisesse examiná-la tinha de "pagar", abraçando-a ou fazendo um carinho em sua cabeça careca "para dar sorte".

Um amigo meu foi qualificado de "difícil" em seu relatório médico. Fez com que lhe levassem o fax e o computador para a sala de transplante, e toda a equipe do hospital começou a referir-se a ele como "figurinha difícil". Mas ele se recuperou duas vezes mais rápido do que se esperava. Ele me contou: "Um dia ouvi o médico falando com minha mulher no corredor: 'A senhora sabe de que transplante seu marido precisa? De cérebro.'" Agora, no hospital, estão ensinando outras pessoas a serem "figurinhas difíceis". É importante ser uma pessoa única e não apenas o *paciente* ou seu diagnóstico.

Arthur W. Frank, em seu livro *At the Will of the Body: Reflections on Illness*, conta que, enquanto estava fora de seu quarto no hospital, penduraram na porta um cartaz com a palavra "Linfoma". O que você faria se encontrasse um cartaz assim em sua porta? Se eu visse algo do gênero — "enfarte do miocárdio", "melanoma" ou "câncer do cólon", eu o picaria e escreveria: "Ser humano aqui dentro" e, embaixo: "Se está procurando o linfoma, vá ao departamento de patologia".

Ser extraordinário também significa afirmar: "Quero descobrir-me; quero desafios; quero transformar-me".

Saiba que você é capaz de ser inspirado e de conseguir o que outras pessoas conseguiram e, às vezes, o que ninguém conseguiu. É preciso um ter coragem para ser o primeiro. Já vi gente perguntar: "Alguém já se curou da doença que tenho?". Sempre vou me lembrar da mulher que me fez essa pergunta. Eu lhe respondi: "Se você estivesse num campo de concentração, será que perguntaria: 'Alguém já fugiu daqui?'". E ela me confessou: "Sim, eu sobrevivi ao campo de concentração". Acho que essa pergunta salvou-lhe a vida, pois ela encontrou força dentro de si.

O médico de uma mulher que teve epilepsia e convulsões durante anos receitava-lhe quantidades cada vez maiores de anticonvulsivos. Ela foi em busca de outras opiniões e, finalmente, entrou num curso a respeito de epilepsia e percebeu que tinha chegado sua hora de ter controle sobre si mesma. Insistiu com os médicos para que lhe fizessem exames, e estes, de fato, revelaram o que ela suspeitava — a presença de um tumor. Ela achava que deixaria de ter convulsões depois que o tumor fosse removido. E, assim, submeteu-se à cirurgia; o tumor era benigno e depois da operação não teve mais nenhum ataque. Ela escreveu para mim para dizer: "Obrigada".

Recebi também uma carta de uma senhora que sofria de epilepsia e que estava zangada comigo por tê-la feito sentir-se culpada. O mesmo tema e a mesma doença. Por que duas reações tão diferentes? Acho que a primeira delas assumiu responsabilidades e sabia de algumas coisas; a segunda achou que participação e responsabilidade significam culpa.

Outra mulher contou-me que, anos atrás, notara um gânglio linfático dilatado no seu pescoço. Consultou cinco médicos porque os primeiros lhe garantiram que não era nada. O quinto removeu-o: era um linfoma. Ela havia mantido sua determinação.

Conheci uma moça cujo seio aumentara muito e a quem disseram: "Você é jovem demais para ter câncer". Por fim, depois de ter concluído a faculdade, ao passar por um exame médico antes de assumir um emprego, os médicos ficaram espantados com o volume de seus seios e perguntaram-lhe por que ela não tomara providência alguma. Ela respondeu-lhes: "Meu médico afirmou que eu era muito jovem para ter câncer". Ela morreu de câncer de mama, furiosa com o médico e consigo mesma, e creio que toda aquela raiva e ressentimento lhe apressaram o fim. Procurei convencê-la a escrever uma carta para aquele médico, esperando que ele dissesse: "Nunca mais deixarei isso acontecer", para que algo de bom pudesse resultar de seu sofrimento. Um processo por erro médico não cura o rancor e o ressentimento.

Se você algum dia teve acesso à sabedoria intuitiva, não aceite a opinião de ninguém. Procure ter as suas. Já atendi a clientes cujo nódulo no seio não sofrera qualquer alteração durante anos; as mamografias permaneciam iguais; e, um belo dia, elas vêm e revelam: "Há algo diferente que precisa ser removido". Sei que elas têm uma percepção interior; costumo ouvi-las e considero seus "diagnósticos" tão válidos quanto um teste de laboratório.

A chave dos indivíduos extraordinários é: eles mantêm sua determinação.

## Como Descobrir o Tratamento Certo

É você quem está sendo tratado, não apenas a doença. O tratamento certo é o que é certo para você no momento. Em alguns casos, isso até pode significar interromper a terapia ou não fazer tratamento algum. Michael Lidington, um jovem sobre o qual falarei mais adiante, teve uma recorrência de seu câncer (vamos discutir seu poema à página 111). Ele disse a sua mãe: "Não vou mais fazer terapia. Vou acampar". Durante duas semanas, ficou num acampamento para crianças com câncer. Essa foi sua terapia; a escolha certa, e sua família aceitou-a.

O que você quer continuar fazendo? Às vezes, pode ser uma terapia agressiva. Ouvi um homem dizer: "Vou fazer tudo isso porque quero lutar por minha vida, mas meu irmão, que é médico, pergunta-se por que estou agindo assim". Bem, essa foi a sua opção. Ele estava fazendo uma terapia agressiva porque achava que era a coisa certa para ele. Queria estar vivo quando o filho se tornasse adulto.

Você pode dizer: "É a minha vida e não quero fazer essa terapia. Ela não é apropriada para mim. Não quero fazer uma coisa que tem efeitos colaterais e pode prejudicar minha vida". Você talvez queira tornar-se vegetariano, rezar, ou dizer que está na hora de partir.

Um bonito rapaz chamado David Puskaric foi levado por seus amigos a um cemitério depois da descoberta de seu câncer. E lhe disseram: "Não o queremos aqui". Sua família disse-lhe que havia quatro boas razões para ele não morrer, ou seja, eles quatro. Então, ele escreveu um poema chamado "No ano do desespero", que inclui os seguintes versos:

> Minha família e os meus amigos querem que eu lute por eles.
> Mas, pergunto, quem lhes dá esse direito?
> Vejo a morte como o fim do sofrimento e da dor.
> Por que a família e os amigos não a vêem com os mesmos olhos?
> Médicos, enfermeiras, familiares e amigos fazem
> a químio parecer a maior das maravilhas.
> Então, por que não se deitam aqui e tomam aquela droga nojenta?

Ao conhecer David, sugeri que ele pedisse a seus amigos que fizessem um transplante de medula junto com ele, e foi então que começaram a entender e a deixar de pressioná-lo. Sugeri, também, que explicasse à família que uma das quatro razões era justa — que devia fazer terapia para salvar sua vida e assim continuar a amá-los, mas que você não faria isso pelo pai, pela mãe ou pela irmã. Eles começaram a mudar e a entender, e me enviaram o poema

É a sua vida, e você tem o direito de dizer não. Você tem o direito de ouvir a opinião de dezesseis médicos, mas não é obrigado a fazer o que eles recomendam. Se, como a maioria das pessoas, você quer viver, também vai querer participar de todas as formas que puder. Talvez você se espiritualize mais, ou, junto com sua família e seu médico, unam esforços para utilizar todos os recursos disponíveis.

Um estudante enviou-me a cópia de um quadro chamado "A consulta", de Harry Anderson, com a figura de um paciente na cama, uma enfermeira de um lado com o remédio, um médico pensativo do outro lado da cama, e uma figura espiritual, na cabeceira, tocando o paciente. Use tudo o que há nesse quadro: você, o médico, a enfermeira, sua fé espiritual, remédios e todos os tratamentos que existem.

O tratamento certo não diz respeito apenas à sua doença. Você decide — não fique achando que tem de fazer o que os outros lhe dizem para fazer. O que me preocupa é você submeter-se a um tratamento que provoque tantos efeitos colaterais, a ponto de sua família e seu médico o advertirem: "Oh! É demais para você, é melhor parar". Aí você pode descansar, sorrir e exclamar:"Que bom!". Se é isso o que você sente, para início de conversa, não faça o tratamento. Não estou procurando convencer as pessoas a recusarem um tratamento, e sim que essa é uma questão a ser discutida, que você pode manter sua determinação. Já que vai enfrentar uma barra para obter certo resultado, que seja opção sua.

Como reconhecer o tratamento certo? Para mim existem muitos fatores, inclusive sua intuição. Você pode fazer um desenho de si mesmo na sala de cirurgia, recebendo químio ou radioterapia. Ou, então, desenhe-se comendo certos alimentos. Às vezes, um quadro mostra que determinada dieta é insuportável. Um homem desenhou a cozinha de sua casa, onde todos estavam de ponta-cabeça. Ele desabafou: "Estou fazendo macrobiótica para curar meu câncer, mas detesto; minha mulher não gosta de cozinhar esse tipo de comida e as crianças somem na hora das refeições". E acrescentou: "Prefiro quimioterapia". Certo, então, vá em frente e faça-a.

Falaremos a respeito de sonhos mais adiante, embora seja claro que, na escolha uma terapia, os sonhos podem ajudar. Quais são seus sonhos? Ponha-os no papel. Uma mulher que estava tentando decidir se faria ou não quimioterapia sonhou com um filho seu que havia morrido. No sonho ela estava com o marido num hotel grande, sombrio e velho, de repente, encontrou-se numa ala mais nova do mesmo edifício, com seu filho, que morrera de um tumor maligno anos antes. Ele estava lhe mostrando o lugar. Era lindo e muito claro. Caminharam até uma escada do lado de fora do prédio. Ela achou que deveria ficar nessa parte nova do hotel, e ao pensar no marido, de alguma forma soube que ele não ficaria com ela. O filho desapareceu e ela se viu do lado de fora do edifício velho, sem saber como encontrar o marido. Então, acordou e a mensagem pareceu-lhe clara: optou pela quimioterapia. Optou pelo que sentia que a faria viver.

Uma outra mulher sonhou que estava num edifício onde havia um elevador e uma escada, e ela ficou ali pensando a qual deles deveria dirigir-se. Percebeu que o certo para ela seria a escada. Quando conversamos a respeito do sonho, ela concluiu que ele mostrava que ela precisava confiar em si mesma e nas coisas que podia realizar, em vez de contar com as formas mecânicas de se recuperar.

Uma pergunta que ouço com freqüência é: "Como enfrentar a tensão e o medo de fazer outros exames e tratamentos?"

Sugiro que, se você estiver dificuldades para tomar uma decisão a respeito de fazer ou não um tratamento, ligue para minha secretária eletrônica. Tenho lá uma gravação que vai ajudá-lo. Diz o seguinte: "Se o seu problema é casamento, aperte o botão 1. Quimioterapia; botão 2. Radiação; botão 3. Cirurgia; 4. Relacionamentos; 5. Você aperta o botão apropriado e diz: "Não sei se devo fazer quimioterapia", e a máquina responde: "Não faça". Aí você replica: "Mas há coisas que me assustam. Os médicos dizem que posso morrer se não fizer". A máquina diz: "Então, faça". Você contra-ataca: "Mas há uma série de efeitos colaterais". "Oh! Então, não faça". Lá pela quarta ou quinta vez, você ri e diz: "Acho que eu tenho de decidir". E a máquina diz: "Certo. É você quem tem de tomar a decisão".

Um exame fornece informações. Você não está renunciando a seu poder se fizer um exame; está adquirindo conhecimento. E se considerá-lo uma fonte de informações, ele deixa de ser tão assustador. Sei que, às vezes, a informação não é necessariamente o que você gostaria de ouvir. Um câncer pode voltar, um cardiograma pode mostrar doenças cardíacas, um hemograma pode mostrar colesterol elevado ou problemas de fígado. Mas aí a questão é saber o que fazer com o que você sabe. "Agora que estou bem informado, quais são minhas escolhas?"

Quando as pessoas pedem conselhos sobre a forma de chegar a uma decisão, pergunto-lhes: "Se você fizer tal e tal opção e seu câncer voltar, como vai se sentir?" E quando elas respondem que ficariam furiosas consigo mesmas, eu digo: "Faça todo o possível para não ficar furioso consigo mesmo. Não há problema algum em ficar furioso com os outros, mas você tem de conviver consigo mesmo". Está certo deixar seus sentimentos ajudarem a determinar sua opção. Mas se você não conseguir fazer uma opção, lembre-se de ouvir minha mensagem gravada na secretária eletrônica.

## Sua Auto-Imagem Antes e Depois da Terapia

Lembro-me de uma moça que me disse não saber se devia ou não fazer uma mastectomia. Pedi-lhe que desenhasse seu corpo com e sem a mastectomia, e os resultados foram interessantes. No desenho *com* a mastectomia, ela estava usando uma maquiagem pesada e jóias, como se tivesse que provar sua sexualidade e feminilidade. No outro, estava sem enfeites.

Examinamos os desenhos juntos e compartilhei com ela alguns *insights*, que a ajudaram a abrir-se para seus sentimentos e tomar a decisão com base em suas necessidades. Quando alguém sente que a cirurgia é a opção certa, que não é mutiladora, ela pode levar à cura. Sim, seu corpo pode ficar diferente depois, mas também existem formas poéticas de ver a questão. Um homem disse à sua mulher, depois que o seio foi removido: "Agora minha mão vai ficar mais perto do seu coração".

Quando as pessoas se sentem realmente mutiladas depois da cirurgia, perguntam-se como recobrar sua sexualidade e sentir-se belas e atraentes. Parte do processo é ter auto-estima, sentir amor por si mesmo e permitir-se receber afeição dos que o amam. Tudo isso o ajuda a perceber que você ainda é atraente.

Cheryl Parsons Darnell, que escreveu o poema "Lições do Texas", escreveu também um poema chamado "A geografia de minhas cicatrizes".

Ela discute a mudança da geografia de seu corpo, alterado por uma mastectomia, e termina com os seguintes versos:

Não é uma paisagem perfeita,
Não serve para postais, folhinhas ou propaganda.
Mas ele é cego para os defeitos da superfície,
e vejo-me através de seus olhos.
Os olhos de um nativo
que ignora as coisas
que só um turista perceberia.

Você precisa refletir profundamente sobre sua identidade. Quem é você? É aquela parte de seu corpo que falta? Identifica-se tanto assim com ela? Conheço gente que prefere morrer a renunciar a uma parte de seu corpo. São pessoas que negam que algo as está matando porque têm medo de perder um órgão ou um membro. Não as julgo, mas sinto pena delas. Não gosto de ver as pessoas fazendo opções movidas pelo medo.

Acho que você é mais que uma parte de seu corpo. Há muitas formas de se sentir sensual, sexual e atraente, e elas estão dentro de você.

Já mencionei Fay, aquela mulher especial de Toronto que sempre foi uma lutadora. Ela escreveu-me para dizer que, certa vez, estava mergulhada em seu banho de espuma e ervas, ouvindo uma de minhas fitas, quando suas duas filhas pequenas

... entraram calmamente no banheiro e, sem dizer uma palavra, começaram a me ensaboar, como eu fizera tantas vezes com elas. Tomaram muito cuidado com o local da cicatriz da mastectomia e, enquanto lavavam meu outro seio, Leslie disse, "Sabe, mamãe, se formos delicadas e amarmos seu seio, talvez este não fique doente". É claro que comecei a chorar. As meninas me abraçaram, me ensaboaram e disseram: "Nós a amamos, mamãe, portanto, trate de ficar boa naquele hospital lá longe e nos traga um presente". Por que sempre cabe às crianças dizer aos adultos o quanto a vida e o amor são preciosos? Tova ainda quer levar minha prótese para a escola, para mostrar na "hora da novidade".

Depois de ler essa carta, acho difícil ver Fay de outra forma que não seja inteira. Existem mais coisas em nós do que nosso corpo. Você pode ser belo aos olhos de alguém, mesmo que lhe falte um pedaço.

Essa é uma coisa que com certeza, aprendi sobre o amor. As pessoas que amo são lindas. Elas não têm, de fato, nada a ver com sua aparência. Para mim elas são lindas, e isso nunca vai mudar.

## Quando os Outros Não Ajudam

O que acontece quando você não tem uma família amorosa? Como pedir ajuda a um pai, irmã, médico ou amante que não lhe dá apoio? Acho que você não pede. Seria preciso um indivíduo muito diferente para ouvi-lo e mudar instantaneamente. A mudança é um processo gradual.

Quando você pedir ajuda aos outros, use sempre o pronome *eu*. Fale a respeito de *suas* necessidades, sobre o que está sentindo. Não lhes diga o que fazer, nem os critique. Assim eles podem reagir sem se sentirem inadequados ou julgados. Se puderem, eles lhe darão o que você precisa. Devo acrescentar que esse conselho também se aplica àqueles que não têm família e precisam recorrer a outras pessoas.

Diga quais são suas necessidades, mas procure mudar também sua forma de reagir ao comportamento deles, para que, quando não o estiverem apoiando, você possa responder de outra maneira. Procure informá-los de que você não é o velho capacho de sempre, que vai agüentar aquelas atitudes desagradáveis. Quando lhe pedirem para continuar nos velhos moldes impróprios, você pode dizer não a algo que não quer. Se você mudar, mudará as pessoas à sua volta.

Você pode deixar claro que os outros não precisam sentir-se impotentes. Você não está pedindo para resolverem seu problema, mas eles têm condições de ajudá-lo e cuidar de você. Peça-lhes que o ouçam ou que o abracem, pois assim poderão sentir-se mais capazes de ajudá-lo de forma simples. Parte do motivo de nunca fazerem nada por você é a sensação de impotência. Se for difícil para eles, diga-lhes que, assim como você pode dizer não, eles também podem. Você pode contar-lhes o que está acontecendo e falar do que precisa, começando a abrir um canal de comunicação.

Antes de tudo, o problema é de comunicação. Você expressa aos outros o que precisa? Se não puderem satisfazer suas necessidades por causa de suas próprias inadequações, talvez nunca sejam capazes de mudar. Talvez você tenha de aceitar o fato. Nesse caso, faça o possível para que o ajudem como puderem, o que significa tomar algumas providências práticas, tais como dirigir seu carro, telefonar ou levá-lo para fazer compras. Mas se suas energias estiverem se esgotando, elimine-os de sua vida. Tão importante quanto obter ajuda é tirar de sua vida as pessoas que o exaurem. Você não vai deixar de amá-los, mas é preciso pedir-lhes que se retirem.

Infelizmente, algumas pessoas não são capazes de ser o tipo de gente de que precisamos. O melhor a fazer é aceitar o fato e não desperdiçar energia em conflitos, mas procurar e encontrar outros que lhe dêem apoio.

Mas se você estiver determinado a mudar as outras pessoas, mude a si mesmo e ao seu comportamento, pois assim elas também terão de mudar.

Às vezes, a melhor reação é paradoxal — você pode ficar mais parecido com a pessoa que o aborrece. Se alguém lhe diz que você está com a aparência de quem só tem um mês de vida, diga-lhe que é mais provável que seja apenas uma semana. Assim, eles terão de tornar-se menos pessimistas e chegar a um equilíbrio saudável de esperança e realidade.

O que você faz com as pessoas que dizem ter certeza de que você vai ficar bom durante um tratamento? Como você reage? Quando as pessoas lhe dizem que você vai ficar bom, na verdade estão dizendo que não suportarão ouvi-lo dizer outra coisa. Precisam negar, pois estão se separando de você. Não conseguem enfrentar as suas dificuldades. Mas, para se tranqüilizar, eles vão aborrecê-lo e até deprimi-lo ainda mais. Se alguém me disser: "Você parece ótimo" sem me perguntar como me sinto realmente, eu diria: "Mas não estou. Sinto-me como se fosse morrer na semana que vem". Então, a pessoa pode parar com esse tipo de coisa e começar a interessar-se realmente em me ouvir e deixar-me falar sobre meus medos e problemas. A verdade é que, se compartilhar de fato seus sentimentos, é menos provável que você tenha problemas com o tratamento.

Recebi uma carta de uma mulher que enfrenta uma doença crônica há muitos anos. No começo, o marido lhe dava apoio, mas há pouco tempo pediu o divórcio, pois está saindo com uma mulher mais jovem com quem deseja viver. Essa senhora pergunta como reencontrar a esperança e a energia para se curar.

O que tenho a lhe dizer é que se ela tiver coragem e energia de fazer o que fez no passado, vai conseguir reencontrá-las. Mas coloque a energia em si mesma, agora — a energia que você colocava no relacionamento com seu marido e na tentativa de continuar com ele. Isso significa que você vai enfrentar todas as emoções e todas as dores do parto que darão à luz um novo eu. Não se apegue à dor, nem à outra pessoa que está tirando suas forças. Percebo que, em muitas mulheres, o medo de se tornarem independentes chega a ser maior do que o medo da doença. Quantas pessoas já não se recusaram a participar de nossos grupos por medo de fazer um desenho? Uma mulher pediu ao filho de dez anos que desenhasse por ela. Conheço mulheres que me disseram: "Fui para casa e me transformei, mas meu marido começou a ter dores no peito e precisou ser hospitalizado, de modo que estou voltando a ser como antigamente. É mais fácil. Vou ficar com meu câncer".

É triste ouvir isso. Por que não aproveitar a oportunidade de viver em plenitude?

Não tenha medo de viver por conta própria. Se você pode enfrentar a doença, pode enfrentar a perda do marido. Talvez você viva melhor sem esse homem, que não está envolvido num processo saudável de desenvolvimento, nem com sua vida. Também pode ser que ele não suporte a idéia de perder alguém de quem goste. Uma outra mulher não o ameaça porque não a ama tão profundamente.

Entretanto, a mudança é assustadora. Talvez a velha "segurança" já não exista, mas só posso chamar sua atenção para aquilo de que você é capaz. Todos nós somos capazes. Sempre fico muito impressionado com as mulheres que têm medos enormes. Porém, quando me encontro com elas, alguns anos depois de um acontecimento traumático, elas estão se descobrindo — estão felizes. Enfrentaram seus medos; a vida tornou-se um desafio. Em alguns casos, os filhos chegaram a dizer: "Ficamos preocupados com mamãe, com todas as coisas que ela está fazendo, como canoagem em corredeiras e participação em comícios políticos, já que antes ela morria de medo de sair na chuva ou de assinar um cheque".

Descubra-se; dê à luz a si mesmo. Deixe a velha pessoa partir e permita-se viver. Porque se você está vivendo pendurado em alguém, não está vivendo. O medo, e não um vínculo saudável, está mantendo o relacionamento. Dedique sua vida a si mesmo — não de forma egoísta, mas com amor por si mesmo e contribuindo com amor aos outros. Entregue-se ao amor.

## Enfrentando a Dor

Às vezes, as pessoas falam de tentar "vencer" a dor e de quanta energia isso requer. Mas é importante resgatar sua vida e não tentar vencer algo, pois, se o fizer, você vai apenas se desgastar. Quando uma vida está refeita e sem conflitos, é possível administrar a dor. Faça da dor um mestre. Aprenda com ela, ouça-a.

Como é a dor? O que você está sentindo? Escreva as palavras que descrevem sua dor: aperto, compressão, corte, queimação. Elabore uma lista de todas as coisas que o estão apertando, comprimindo, esfaqueando, queimando, consumindo. Enfrente essas questões. Isso vai ajudá-lo a refazer sua vida. A dor vai diminuir e poderá ser controlada. Deixe o amor penetrar na área afetada.

Verifique se não existe um padrão que se repete na dor. Às vezes ela pode dizer: "Pare com o que está fazendo" — pois você não precisa da dor para ter a liberdade de parar. Se há coisas que você não quer fazer, diga não. Você não precisa sofrer para ser livre. Costumo perguntar às pessoas: "O que o câncer lhe dá permissão de fazer?" Pergunto isso por causa de uma mulher que disse: "Fiquei com raiva de você por ter sugerido que eu poderia estar tirando proveito de minha doença. Por que preciso de uma doença?" Por isso, mudei a pergunta para: "O que o câncer lhe dá permissão de fazer?" Você começa a perceber que não precisa ficar doente ou sentir dor para que suas necessidades sejam satisfeitas. Substitua a palavra *câncer* por *dor* e pergunte: "O que a dor me permite de fazer?". Não ir trabalhar? Vejo gente sentindo dor depois da cirurgia e, quando são declaradas inválidas, a dor desaparece. O que realmente queriam era deixar de ter determinada obrigação.

Considere todas as coisas que podem ajudá-lo. Trabalhe no sentido de encontrar paz de espírito. Então, você pode "vencer" sua dor e seus medos — não pelo trabalho que lhe consome energia, mas pela paz interior que cura e restaura.

# Você Não é Um Inválido,
## É Um Ser Humano de Valor

Um homem gravemente ferido num acidente de carro participou de um *workshop* e queixou-se: "Muitas vezes, o que sinto como inválido é que os outros ficam reparando, ou então viram o rosto. Como conviver com isso? Como mudar essa situação?"

Minha resposta é que você não pode mudar os outros. Só pode mudar a si mesmo. Você pode começar a ver-se não como um inválido, mas como uma pessoa, uma pessoa inteira, apesar de ter partes de seu corpo alteradas, ausentes ou paralisadas. Se mudar a imagem que tem de si mesmo, a forma de tratamento das outras pessoas também será influenciada. Você ficará inteiro.

Algumas pessoas sempre vão sentir medo de você — porque você representa o que pode acontecer a elas e elas temem não ser capazes de enfrentar o problema. Elas podem sair correndo e nunca chegar a conhecê-lo como ser humano. É uma coisa que você tem de aceitar. Não é uma coisa sua, é delas.

Mas também existem pessoas que, embora possam estar amedrontadas, vão olhar para você. Quando você consegue lidar com seu problema, torna-se um mestre e um terapeuta. Existem pessoas que eliminaram meus medos porque percebi que seriam capazes de fazer o que elas estavam fazendo para resolver suas dificuldades. Assim, o paraplégico que segura um pincel com a boca, o cego que não tem medo de ir a um aeroporto e pegar um avião, ou de esquiar na Olimpíada Especial — todas essas pessoas que acharam seu caminho e não têm medo da vida eliminam o meu medo. Elas estão mostrando que não existem sofrimentos que um ser humano não seja capaz de enfrentar. Um cego pode ser mais extrovertido e otimista com um cachorro-guia do que eu com minha visão.

Os animais ensinam muito. A dra. Donna Lindner, uma cirurgiã-veterinária, escreveu-me a respeito disso um pouco antes de ela mesma ir para o hospital submeter-se a uma mastectomia:

> Quanta coisa os pacientes humanos podem aprender com os pacientes animais! Eles são tão fortes que fico constantemente admirada com sua coragem! Posso amputar-lhes uma perna ou metade da mandíbula e, após um dia ou dois, estão tentando andar, comer e lamber a própria cara. Eles parecem entender essas coisas bem melhor do que nós! Parecem compreender intuitivamente que a perda de uma

parte do corpo não os torna menos especiais para seus amigos e familiares, e que as coisas simples são as mais importantes. Tudo quanto desejam é estar aquecidos, alimentados e amados. Outra necessidade, que eu acrescentaria, é a de efetivar aquilo que você veio realizar nesse mundo, e provavelmente eles também façam isso, uma vez que é possível terem sido postos aqui para amar, serem amados e, talvez, ensinar-nos algumas coisas.

Costumo perguntar francamente às pessoas: "Por que você deseja viver? O que você vai fazer para continuar amando nessas condições?". Um homem ajudou-me a compreender, ao replicar: "Não somos inválidos, somos seres humanos de valor".

Carol Guion escreveu a respeito de um jovem chamado John McGough em *Noetic Sciences Review,* no outono de 1992. John nasceu em 1957 com a síndrome de Down. Todos desencorajaram sua mãe a trazê-lo do hospital para casa. Mas ela sentiu que cuidar dele era "o que tinha a fazer". John é um jovem notável, cheio de amor por seus familiares (é o segundo de uma família de sete filhos) e costuma surpreender os membros da comunidade com sua compreensão dos momentos críticos que enfrentaram.

Durante uma discussão familiar sobre o significado de "retardado", John deu sua definição: "Quando você não consegue deixar sua corrente de amor fluir, não consegue comunicar-se e não tem noção de quem você é. Chamo a isso de retardado. Algumas pessoas são só um pouquinho retardadas. Então, posso ajudá-las, porque elas ficam curiosas a meu respeito. Comunicam-se comigo e sua corrente de amor flui. Aí, se quiserem, a coisa funciona para elas. Ficam mais conscientes".

De que forma você convive com uma deficiência? Como modificá-la? Modifique-se a si mesmo e à sua atitude em relação à vida. Quando sua imagem se transforma, a imagem que os outros têm de você — e as relações que você tem com eles — também se transformam. Não procure transformar os outros. Só as dificuldades e sofrimentos deles os transformarão. Nada que você possa dizer ou fazer os mudará — exceto, talvez, ao viver sua vida e ser um exemplo, um farol ou uma tocha, você possa ajudar a iluminar-lhes o caminho.

# 4
# Explore Seu Espaço Interior:
# Corpo, Mente e Espírito

*As imagens são... pontes lançadas na direção de uma praia invisível.*

Carl Jung
*"Sobre a relação da psicologia analítica com a poesia"*

*Os símbolos não fluem do inconsciente para nos dizer o que já sabemos, mas para nos mostrar o que temos a aprender.*

Robert A. Johnson
*We*

*Quando a mente está perturbada, o corpo grita.*

*O poderoso chefão III*

# O Quinto Ponto Cardeal: As Trevas

Não consigo deixar de pensar que, se pegássemos todo o dinheiro que foi gasto na exploração do espaço exterior e o tivéssemos usado para conhecer o espaço interior, o mundo seria um lugar melhor, e nós, mais felizes. Admiro nossa curiosidade sobre o sistema solar e o que está à nossa volta, mas também gosto de conhecer os sistemas internos e o que está dentro de nós.

Muitos têm medo de entrar no espaço interno. Pode parecer assustador, mas acredito que enfrentar essa ameaça, esse temor, é estar vivo de fato. Gosto de pensar que existem cinco pontos cardeais, cuja direção podemos seguir: Leste, Oeste, Norte, Sul e nossas trevas. Esse quinto ponto cardeal pode ser fonte de grande conhecimento. A cura é um trabalho das trevas. Pense na face de cinco pontos de um dado. É o quinto, no centro, que é a chave.

Ainda acho surpreendente que, em minhas visitas a faculdades de Medicina e hospitais, quase todos os médicos afirmem nunca ter ouvido falar de que, em 1933, Carl Jung soube de um caso que se referia ao sonho de um paciente e chegou a um diagnóstico clínico correto de tumor cerebral baseado apenas no sonho. Não tenho a menor idéia por que este fato não se tornou conhecido, ou por que não foi divulgado, pois os sonhos são incrivelmente poderosos e informativos. Eles podem ajudar no diagnóstico, assim como os desenhos, e podem mudar a vida das pessoas. Como médico, a pergunta que faço de rotina a meus clientes é: "Quais são os seus sonhos? Quais são as suas imagens?". E depois peço-lhes que desenhem símbolos para que eu possa orientá-los.

Se estivéssemos abertos a esse tipo de informação, e se os médicos fossem abertos, poderíamos obter mais diagnósticos desse modo. Enquanto médico, não hesito um segundo em usar sonhos e desenhos como parte de meu trabalho para fazer diagnósticos clínicos e ajudar na tomada de decisão sobre o tratamento a seguir. Isso não significa que não faça todas as outras coisas para as quais fui treinado a fazer, mas para mim essa é uma parte significativa do processo.

Por que é tão difícil para a classe médica aceitar a idéia de que a mente influencia o corpo, ou que os dois constituem uma unidade? Talvez apenas por que não aprendemos na faculdade de Medicina que não podemos separar nossos pensamentos e intelecto de nosso corpo. Mas o fato é que nossos pensamentos e idéias nos afetam tanto física quanto psiquicamente, e as pessoas podem mudar. Estudos recentes mostraram que até os genes podem sofrer mudanças.

Alguns terapeutas escreveram-me a respeito de suas pesquisas de mestrado e doutorado; é um trabalho que revela os efeitos benéficos das imagens e das técnicas de relaxamento tanto nos aspectos físicos de uma doença quanto nos aspectos psicológicos e mentais. E esse benefício estende-se a crianças e membros da família do doente. Agora estamos vendo o aproveitamento desses recursos para combater o câncer, a Aids, a esterilidade, os abortos espontâneos e tantos outros estados patológicos. A American Cancer Society [Sociedade Americana do Câncer] agora está ensinando técnicas psicossociais a médicos e enfermeiras.

Há pouco tempo, sonhei que retornava à minha antiga prática cirúrgica. Eu estava nu e todos olhavam para mim. Perguntei: "O que é que há, nunca viram um médico nu antes?" Eu estava inteiramente à vontade e em paz. A equipe saiu correndo, à procura de um avental branco para que eu o vestisse, mas não achou nenhum. Acordei, e fiquei pensando naquele sonho. Para mim, significava que eu estava me revelando, deixando as pessoas conhecerem meu verdadeiro eu. Não estava com medo de aparecer nu e senti-me inteiramente à vontade; os outros é que estavam constrangidos. Não conseguiam achar nada que me servisse, talvez porque, num certo sentido, eu não servisse, não combinasse com o ambiente. Gosto de pensar que sou diferente e único. Se você juntar a primeira letra das palavras, "Catártico, Único, Refrescante e Admirável", terá CURA.

A Bíblia diz que Deus fala conosco através de sonhos e visões. Acho que devemos considerar nossos sonhos e símbolos e ver o que podem nos dizer sobre nossa consciência e sabedoria mais profundas, tanto de forma psicológica quanto física para podermos entrar em contato com essa energia primordial, criativa e inteligente.

Algumas religiões nos advertem de que o Diabo pode aparecer se fecharmos os olhos e criarmos imagens. O que mais me preocupa é que alguns nunca se encontram com Deus. Acho que podemos reconhecer o Diabo, se ele aparecer.

## Imagens e Sonhos Podem Ajudar a Curar o Corpo

Quer a pergunta seja: "Com quem devo me casar?", "Que profissão devo seguir?" ou "O que está acontecendo em meu corpo?", poderemos ter acesso às respostas do inconsciente se soubermos interpretar suas imagens.

Alguns símbolos são coletivos ou universais — estão em todos nós e tomamos conhecimento deles por meio de temas comuns nos mitos. Outros símbolos são individuais, e você pode determinar seu significado de acordo com o sentido que fazem em sua vida.

Procurar interpretar seus próprios símbolos sozinho pode ser difícil. É mais simples trabalhar com outra pessoa treinada para isso, pois esta poderá atuar como um guia — principalmente um terapeuta junguiano ou alguém familiarizado com a análise de imagens. Você pode ler sobre a interpretação de sonhos, mitos e contos de fadas; manter um diário de seus sonhos e símbolos; e começar a discernir seqüências e imagens freqüentes. Você pode tornar-se um especialista em seus próprios símbolos. Deixe que estes o guiem.

Quando se trata de opções de terapia, as imagens podem ajudar. Uma mulher que sofreu uma mastectomia radical por causa de um câncer de mama, fez também uma biópsia no fígado; descobriu que tinha um tumor metastático, e que havia muitas manchas em todo o órgão. Uma das enfermeiras deu-lhe meus livros e fitas. Ela me escreveu para dizer que, certo dia, enquanto estava descansando no sofá, sem pensar em nada, viu:

... um grupo de cruzados trajando armadura montados em cavalos brancos, descendo desabaladamente uma colina, combatendo criaturas sujas e sórdidas, e saindo-se vitoriosos... Ocorreu-me que meu corpo estava tentando me dizer que eu precisava fazer visualizações. Lembro-me de você ter dito que um de seus pacientes usava bolhas minúsculas... Comecei a visualizar bolhas minúsculas, mas armei-as com aspiradores de pó, esfregões, baldes, panos de chão e vassouras. E acrescentei alguns martelos e formões para soltar aquelas células cancerígenas teimosas, que eram sugadas pelos aspiradores de pó, que vinham logo em seguida.

Algum tempo depois, quando foi internada no hospital com febre alta e um número muito pequeno de glóbulos brancos no sangue, suas imagens mudaram espontaneamente. Ela só conseguia ver um tubo grande com bolhas saindo. Seu cirurgião informou-lhe que o número de seus glóbulos brancos havia aumentado para cinco mil.

Ele disse-me que as células brancas eram fabricadas nos ossos. Deixei de ouvir e exclamei: "O osso, que parece um cano ou tubo!"

De repente, ficou claro. Meu corpo estava me dizendo que os glóbulos brancos estavam sendo produzidos em grandes quantidades, e por isso as bolhas estavam subindo pelo tubo.

Ela foi para casa, continuou com suas visualizações e, várias semanas depois, voltou para uma consulta com seu oncologista:

Quando ele estava examinando minha última tomografia, vi um movimento de cabeça involuntário na direção do desenho, como se estivesse surpreso com o que estava vendo. Rezei uma oração, silenciosa. Então, ele virou-se para mim e afirmou: "Seu fígado está perfeito". Orei a Deus, levantei-me de um salto e quase joguei aquele homem adorável no chão, tentando abraçá-lo. Disse-lhe que achava aquilo um milagre por dois motivos, orações e talvez quimioterapia.

Uma mulher chamada Ruth Richman escreveu-me contando ter dores muito fortes no baixo abdômen. Ela estava fazendo tratamento com vários médicos, tomando analgésicos e hormônios. Ela escreveu o seguinte:

Percebi que meu corpo sabia o que estava acontecendo e que era melhor ouvi-lo. Depois de dois ou três meses, conversando comigo mesma e tornando minha mente receptiva a mensagens, tive um sonho. Acordei quatro vezes durante a noite e, depois de cair no sono outra vez, tinha o mesmo sonho. Nesse sonho havia um homem muito gentil, sem me parecer nem um pouco ameaçador, que estava com uma faca na mão. A faca assustou-me, mas o homem não. Não havia sangue na faca. O sonho não era sangrento. O homem não me atacava. Só estava ali com a faca. Onde quer que eu fosse, ele aparecia com a faca. Quando acordei, pela última vez, sentei-me e pensei nesse sonho estranho e, então, compreendi. Soube com certeza absoluta que ia precisar de uma cirurgia, mas que ia ser bom para mim e que era a coisa certa a fazer.
Durante todo esse tempo, também rezei para que Deus guiasse meus passos. Marquei uma consulta com meu ginecologista. Obje-tiva e francamente, pedi-lhe que removesse meu ovário esquerdo. Discutimos todas as minhas opções e depois concordamos com a cirurgia. Entrei no processo com a tranqüilidade de estar fazendo a coisa certa. Foram removidos o ovário e a trompa do

lado esquerdo, assim como o útero. Depois, o exame patológico constatou que eu tinha um tumor benigno de crescimento rápido no lado esquerdo do útero.

Ela se lembra de ter conversado com um amigo a respeito do sonho antes da cirurgia, sobre o quanto o homem "não era ameaçador, mas um tipo de pessoa benevolente". Ela disse:

Não tinha percebido a importância daquilo até a chegada do diagnóstico. Meu corpo sabia de tudo, e tudo quanto eu precisava era ouvir.

Quando Mary Deane-Scalora teve uma miastenia grave, seu médico indicou-lhe a remoção do timo. Mas ela relutou: "O timo é o jardim-da-infância de meu sistema imunológico. Acho que não quero removê-lo agora". À medida que a doença progredia, ela foi ficando cada vez mais fraca. Por fim, ela e o marido discutiram os tratamentos possíveis e esperavam que seu inconsciente pudesse dar-lhe uma orientação por meio de um sonho.

Ela conta: "Naquela noite, tive um sonho. Vi meu timo e ele estava cinza, com prolongamentos semelhantes a dedos, lá dentro de mim. No dia seguinte, perguntei ao médico, mas sem lhe explicar o que acontecera: 'Como é um timo normal?'. Ele o descreveu. Como o meu não estava normal, pedi-lhe que o tirasse". Depois da cirurgia, quando os tubos foram removidos e ela já podia falar outra vez, perguntou ao médico: "Qual a aparência de meu timo?" Ele levantou a mão, curvou os dedos e disse: "Bem, ele estava cinza, com prolongamentos semelhantes a dedos". O significado desse sonho, claro está, foi ajudá-la a optar pela cirurgia e informá-la de que essa era a conduta indicada no seu caso, não um tratamento agressivo ou mutilação. Seu timo continha um timoma maligno.

## Os Desenhos Também Contêm Mensagens

Assim como os sonhos são mensagens vindas do inconsciente, os desenhos também são, e podem ser usados no processo de recuperação. Sei que posso ir a qualquer lugar do mundo com uma caixa de lápis de cor e comunicar-me com as pessoas, pois somos da mesma origem. Mas é importante entender que as imagens devem ser de sua autoria. A mulher de quem falei sonhava com cavaleiros, mas, para outra pessoa, essa imagem pode gerar conflitos.

Um *quaker* terá dificuldade em combater um câncer e pode precisar curar-se por meio de um método pacífico e amoroso.

Um amigo sugeriu a uma mulher com um grande tumor no peito que usasse o símbolo dos cães para representar os glóbulos brancos de seu sangue, mas ela se sentiu pouco à vontade com a imagem. Preferiu ver o tumor como um bloco de gelo, e sua terapia e espiritualidade como a cálida luz do sol entrando em seu corpo. O tumor dissolveu-se.

As crianças também têm suas próprias imagens. Algumas não têm dificuldade em travar batalhas contra a doença — desenham imagens de dragões devorando suas células cancerígenas, ou exércitos bombardeando-as. Ou colocam a doença numa frigideira e fritam-na. Temos que deixar cada um se expressar à sua própria maneira.

Enquanto guia, posso fazer críticas construtivas. Um problema que tenho de ressaltar é que as pessoas podem falar uma coisa sobre o desenho que querem fazer e desenhar outra. Lembro-me de um homem que falou de centenas de milhares de glóbulos brancos e apenas uma centena de células cancerígenas, mas fez um desenho com muitas células cancerígenas e apenas um glóbulo branco. É importante que o desenho seja examinado com atenção.

Às vezes, uso os desenhos para ajudar as famílias a entenderem os conceitos. Quando as pessoas acham que não estão recebendo apoio suficiente de seus familiares, ou que seus tratamentos são venenosos ou destrutivos, você pode entrar na área das discussões intelectuais. Mas quando a família interpreta os símbolos desenhados pela pessoa — quer na solidão, isolada, quer como um esqueleto num caixão — aí podemos realmente nos comunicar e lidar com a situação.

Existem dois livros que podem ajudá-lo a interpretar desenhos: *Life Paints Its Own Span*, de Susan Bach, e *The Secret World of Drawings*, de Gregg Furth.

Susan Bach, uma terapeuta junguiana de Londres, trabalha com crianças que estão enfrentando doenças sérias e pede-lhes que façam desenhos sem sugerir o tema. Ela analisa os desenhos com as crianças e pede-lhes que falem de suas pinturas. Como eu, ela percebe através dos desenhos, que as crianças costumam saber quando a doença existe, se o tratamento vai dar certo, se vão sobreviver — todas essas coisas estão no papel. Às vezes, conseguimos ver essas coisas nos desenhos das crianças, mesmo sem que elas ou algum adulto estejam presentes para interpretar.

O trabalho de Bach e de Furth ajuda a compreender o significado de usar certas cores nos desenhos e da disposição dos objetos no papel. Você também pode começar a entender, se guardar seus desenhos, colocando-lhes data, e examinando-os algumas semanas ou meses depois. Às vezes há uma configuração, uma cor, um símbolo, uma evolução de objetos que lhe saltam aos olhos mais tarde, embora você possa nem sequer tê-los notado no começo. Mesmo com toda a minha experiência nessa área, aprendo com meus desenhos — o inconsciente assume o controle e você fica cego para as coisas que colocou no papel até retomá-las depois e examiná-las intelectualmente. O mesmo aplica-se ao que você vê ou deixa de ver numa página impressa.

À medida que mudamos interiormente, nossos desenhos também mudam. A dra. Rachel Naomi Remen, uma médica maravilhosa, escreveu um artigo chamado "Espírito: Recurso Terapêutico" na edição de outono de 1988 da *Noetic Sciences Review*. Ela descreve um paciente com câncer na perna; a perna foi amputada para salvar-lhe a vida. Ele tinha 24 anos de idade, estava muito indignado e amargurado. Tinha uma sensação profunda de injustiça e odiava as pessoas saudáveis. A dra. Remen comenta:

Depois de ter trabalhado com esse rapaz durante alguns anos, percebi uma profunda mudança. Ele começou a "sair de si mesmo". No hospital, começou a visitar outras pessoas que haviam sofrido perdas físicas graves e me contava histórias fantásticas a respeito dessas visitas. Certa vez, visitou uma jovem que tinha quase a sua idade. Era um dia quente, ele estava usando um *short* e sua perna artificial estava à mostra quando ele entrou no quarto dela. A moça estava tão deprimida com a perda dos seios que não chegou sequer a olhar para ele, a prestar atenção nele. As enfermeiras deixaram o rádio dela ligado, provavelmente para animá-la um pouco. E, então, desesperado, para chamar-lhe a atenção, ele tirou sua perna, jogou-a no chão com um estrondo e começou a dançar pelo quarto numa perna só, estalando os dedos no ritmo da música. Ela olhou para ele atônita e, de repente, caiu na gargalhada e disse: "Cara, se você consegue dançar, vou conseguir cantar".

No fim de uma terapia, você faz um apanhado geral e o paciente fala sobre o que foi importante para ele e você conta o que foi importante para você, enquanto terapeuta, trabalhando com essa pessoa. Depois de passarmos em revista os dois anos de trabalho, peguei sua pasta no arquivo e encontrei vários desenhos feitos por ele. Queria devolvê-los. "Oh! Veja isso!", exclamei. No começo de nosso trabalho conjunto, sugeri-lhe que fizesse uma pintura de seu corpo. Ele usou um lápis preto e desenhou um vaso. Ao longo do vaso, desenhou uma rachadura profunda. Com lápis preto, sublinhou a rachadura muitas e muitas vezes. Naquele momento, rangia os dentes de raiva. Foi muito doloroso, pois parecia-me que esse vaso nunca mais poderia exercer suas funções. Nunca mais conteria água. Essa era a imagem de seu corpo.

Agora, dois anos depois, devolvi-lhe o desenho. Ele olhou-o e disse: "Ah! Este não está terminado". E eu repliquei, estendendo-lhe a caixa de lápis de cor: "Por que não o termina?" Sorrindo, ele pegou um lápis amarelo e, colocando o dedo na rachadura, comentou: "Você está vendo isso aqui? É por aqui que a luz entra". E, com o lápis amarelo, desenhou a luz penetrando em seu corpo pela rachadura.

Todos nós temos a ganhar usando essas técnicas. Elas fortalecem e levam à transformação, porque vêm de dentro. Sempre sinto que, quando você examina um desenho seu e descobre algo, é como uma luz que se acende. As pessoas dizem: "Uau, é a minha verdade, a minha mensagem!". É muito mais fácil aceitar do que as palavras de uma autoridade externa.

## Nossas Emoções São Químicas

Risos e alegria podem ser uma mensagem revigorante e curativa, entrando em todas as células de seu corpo, ao passo que a vergonha, a culpa e o desespero podem transportar mensagens destrutivas. Suas emoções são químicas. É estimulante entender que determinados pensamentos podem criar mudanças no corpo. Quando você está feliz, seu corpo sabe. Quando você está deprimido e sentindo-se desesperançado, seu corpo também sabe. E, quando me refiro a seu corpo, estou falando da medula espinhal, do estado de seus vasos sangüíneos, de seu fígado. Todos os órgãos participam da felicidade ou da tristeza. Consciência e sabedoria estão presentes na membrana das células (Candace Pert, neurofisiologista, fez um trabalho com neuropeptídios e, em síntese, acha que percepção e consciência localizam-se na membrana das células.).

Sabemos que a pessoa feliz tem uma série de neuropeptídios (hormônios) na circulação, diferente dos encontrados na pessoa deprimida, indignada e ansiosa. Por meio desses neuropeptídios, nosso sistema nervoso e outros sistemas de órgãos comunicam-se com todas as células do corpo. Nossos sentimentos mais profundos, como enfrentamos a vida, quantos glóbulos brancos produzimos, com que velocidade uma ferida cicatriza — tudo isso está interligado.

Francis Hodgson Burnett descreve isso muito bem em *The Secret Garden*, um dos livros favoritos de minha mulher, desde o tempo em que cursava o primeiro grau (e que eu li há pouco tempo):

> Uma das novidades que as pessoas começaram a descobrir no último século foi que os pensamentos — meros pensamentos — são tão potentes quanto baterias elétricas, tão bons para alguns quanto a luz do sol e tão ruins para outros quanto um veneno. Deixar um pensamento triste ou ruim enraizar-se em sua mente é tão perigoso quanto deixar um germe da escarlatina em seu corpo. Se deixá-lo ficar ali, depois de ter aderido a você, talvez nunca mais você consiga livrar-se dele nessa vida.

Se você visualizar uma mudança acontecendo em seu corpo (e não é preciso conhecer anatomia para criar uma imagem satisfatória), o corpo responderá. Se você imaginar uma quantidade maior de sangue indo para sua perna machucada, então uma quantidade maior de sangue irá realmente para lá. A mente e o corpo não são entidades separadas, são uma coisa só, formam uma unidade.

Além de suas emoções, a mente e o corpo também se comunicam por meio de visualizações e de meditação. Essas práticas podem abrir-lhe uma outra porta para o inconsciente, para seu verdadeiro caminho e para sua verdadeira cura.

## O que Acontece Durante a Meditação

Acho importante interromper o dia, de tantas em tantas horas, para meditar, rezar ou criar imagens — uma pausa revigorante. Não importa qual o nome que você lhe dê. Não estou lhe pedindo que você faça algo que possa fracassar ou algo que não queira fazer. Você pode ser guiado por uma fita gravada ou simplesmente ouvir música, olhar para as flores, dizer uma oração. Mas dedique algum tempo a si mesmo, com intervalos regulares, a fim de abrir-se para o saber interior e para a cura.

Certo dia, num *workshop,* estávamos fazendo um exercício de meditação. Quando terminamos, uma mulher disse-me que ficara com medo. Ela comentou: "Enquanto estava meditando e 'fazendo uma viagem dentro de mim', como você sugeriu, senti-me ameaçada e com vontade de chorar. Por quê?"

Muitas pessoas são hábeis em brincar de esconde-esconde consigo mesmas; assim, não têm de enfrentar os sentimentos. Quando começamos a meditar e relaxar nosso controle consciente, é como se tirássemos a tampa de uma caixa interior. As coisas guardadas lá dentro começam a sair.

Quando isso acontece, as pessoas se emocionam e podem chorar. Não é que fatos trágicos ou assustadores venham necessariamente à tona; contudo, meditar implica liberação, mas queremos continuar "com as rédeas na mão".

A idéia de ter algum controle é uma ilusão, pois, num nível profundo, em nossa mente inconsciente, ainda sofremos pelas coisas que reprimimos. A maioria de nós tem medo de prestar atenção e de usar esse instrumento maravilhoso do inconsciente, que existe para nos ajudar e guiar.

Bobbie começou a notar que os números representavam uma pista fundamental em muitos desenhos que as pessoas fazem em nossos *workshops.* O número de árvores num quadro, os números para os quais apontam os ponteiros de um relógio, a quantidade de raios do sol — a contagem desses números ajudou as pessoas a descobrirem coisas guardadas dentro de si. Carl Jung explica: "A essa altura, sempre me deparo com o enigma do número natural. Tenho a nítida impressão de que o número é uma chave do mistério, que tanto é descoberto quanto inventado. É quantidade, assim como significado". Um livro excelente sobre o assunto é *Number and Time,* de Marie-Louise von Franz (Northwestern Press, 1974).

Quando você estiver participando de um grupo de pessoas que está sendo guiado numa sessão de visualização, lembre-se de que você tem a liberdade de *não* seguir a orientação do dirigente se houver algo traumático ou difícil para o qual não se sinta preparado a enfrentar.

Se uma meditação sugere que você se imagine deitado na praia, curtindo as ondas ou o sol e um membro de sua família se afogou no mar, a meditação não vai ser agradável para você. A meditação deve ser adequada a cada pessoa.

Você pode parar. Não é obrigado a seguir o dirigente. Pode abrir os olhos. Pode visualizar outra coisa. Você comanda suas imagens.

E se você não for muito bom em termos de visualização? Uma mulher perguntou: "O que você faz com pessoas que têm dificuldade para visualizar? Penso em conversas, estudo de línguas, em processar tudo verbalmente. Música é ótimo, mas não a considero terapêutica. É possível usar a linguagem para visualizar?"

Peças de teatro fazem isso. Arthur Miller, numa entrevista, declarou que, ao trabalhar numa peça, ouve os personagens falando dentro de sua cabeça e anota o que estão dizendo. Se você é verbal, pode escolher uma oração, um mantra, e repeti-lo para si mesmo. É algo que pode ajudá-lo a relaxar.

Você pode conversar consigo mesmo, conversar com seu corpo. As pessoas podem dizer a seu coração: "Mais devagar". Podem dizer a si mesmas que estão fazendo um movimento de pêndulo, o que sugere um ritmo regular e, assim, o coração pode entrar nesse ritmo. Não estão necessariamente criando uma imagem; estão descrevendo um processo e, para as pessoas verbais, pode funcionar bem.

Alguns de nós têm o lado visual muito desenvolvido, alguns são basicamente ouvintes, outros olfativos ou táteis. Temos de utilizar nossos sentidos individuais mais refinados. Não se considere um fracassado por tentar usar sentidos ou técnicas impróprios para você. Descubra sua melhor forma de perceber o mundo externo e comunicar-se. Você se comunica com o olhar, tocando ou ouvindo? Compreender sua linguagem pode ajudá-lo a descobrir seu tipo sensorial.

Se estiver interessado em visualização e tiver dificuldade em fazê-la, trabalhar com um arteterapeuta ou hipnoterapeuta pode ajudá-lo a abrir-se para essa área. Você pode conseguir usar essas técnicas e elas podem ter sido feitas sob medida para você.

Conheço pessoas que usam o piano como parte de sua visualização; fazem literalmente o piano tocar suas visualizações, como Fay. É a paz e a beleza que o ato de tocar piano cria que propiciam a cura. Alguém que toca tambor pode ser curado pela música; uma artista pode ser curada pelo que vê, outro indivíduo pode recuperar-se com a mudança de seus sentimentos.

Só permanecer imóvel também pode ser meditação. Isso é algo que aprendi há muitos anos, quando machuquei as costas. Estava impaciente para fazer coisas, mas, aos poucos, percebi que tinha de aprender a ficar imóvel para me curar e tinha de ver a atitude de permanecer imóvel como algo que estava fazendo.

Para alguns, pode ser a coisa mais difícil de aprender na vida. Sentimos que o único valor de nossa vida é aquilo que fazemos, não quem somos ou o que estamos sendo. Mas, ao ser você mesmo, você está fazendo algo importante. Ficar quieto e cuidar de si mesmo é uma atividade. Às vezes, a coisa mais fantástica que você pode fazer é simplesmente esperar, descansar, ficar imóvel e deixar-se curar (se você acha difícil fazer isso, posso prescrever-lhe uma receita).

A beleza da quietude faz-me pensar nesses versículos da Bíblia:

Olhe, o Senhor passou e um vento forte e violento varreu as montanhas e fendeu os rochedos; mas o Senhor não estava no vento. Após o vento, houve um terremoto; o Senhor não estava no terremoto. Depois do terremoto, houve um fogo; o Senhor não estava no fogo. E, depois do fogo, o sussurrar de um sopro tênue".

I Reis 19:11-12

Ouça o sussurro desse sopro tênue.

## O Poder dos Símbolos

Um homem escreveu-me contando um fato que ocorreu com ele no hospital. As previsões eram de que tinha seis meses de vida e que devia pensar em deixar seus negócios em ordem. Isso acabou com todas as suas esperanças. O prognóstico de seu médico foi apresentado numa pequena sala, no subsolo, e em seguida ele foi transportado de volta para seu quarto por um longo corredor. "Aquela volta tornou-se a metáfora visual e física de minha plena recuperação".

Ele disse-me que a primeira metade do corredor, que levava do instituto do câncer ao hospital, tinha um declive no seu ponto médio, depois subia ligeiramente à medida que se aproximava do hospital:

Enquanto eu me afastava do instituto, descendo a rampa, não poderia ter vivenciado uma queda emocional mais profunda. Minha vida parecia desmoronar-se ao meu redor mas, justamente quando atingimos o ponto mais baixo do corredor, olhei para a frente e percebi que estava diante de uma subida. Era muito pouco na época, mas foi a centelha de esperança e inspiração de que eu precisava. A opção morro acima foi minha e escolhi a vida. A partir de então, a despeito de uma segunda cirurgia e seis meses de radioterapia, sabia, do fundo do coração, que iria ficar completamente curado.

Ele continua bem de saúde, vinte anos depois.

O significativo é o que ele "sabia do fundo do coração". Tudo começa com a fé — que impregna todas as células de seu corpo. Você precisa acreditar para fazer a coisa acontecer.

Desde essa época, esse homem passou a ensinar técnicas e dar cursos de meditação transcendental e tem falado em começar um curso de comunicação para médicos. Ele não acha que os médicos sejam diferentes dos advogados, contadores ou engenheiros — acha que todos nós conhecemos os aspectos físicos de nosso trabalho e temos as informações necessárias, mas não sabemos transmitir nada disso. É evidente que concordo com ele e com o fato de nossas palavras e símbolos terem a capacidade de nos curar (como mostrarei mais adiante, o oposto também é verdadeiro — podemos destruir as pessoas com nossas palavras e símbolos).

Uma mulher chamada Isaacsen-Bright descreveu um sonho onde havia uma gruta, com pedras e samambaias em volta de um laguinho maravilhoso. Mergulhou na água; era morna e deliciosa, cheia de bolhas e transparente.

> Estiquei a planta dos pés e deixei sair tudo de que não precisava mais, tudo de que precisava livrar-me. Depois, mergulhei e brinquei na água. Quando olhei para cima, havia um cartaz que dizia: "Estou bem". Fiquei encantada. Que gentileza a deles fazerem isso por mim. Mergulhei de novo e emergi. E o cartaz dizia: "ESTOU BEM". Eu sabia que tinha encontrado minha essência, minha fonte, meu eu. Mergulhei mais fundo e lavei-me. Sentia-me tão intensamente viva... Quando cheguei lá em cima, olhei para a esquerda e, ao longe, vi todas as opções que tinham começado no início dos tempos e culminado em mim. Vi a santidade de meu ser em todos e em cada um de nós e como nós, cada um de nós, também é a soma de muitas opções.

É maravilhoso quando a voz interior nos diz, através dessas imagens, que somos belos e dignos de amor. E que podemos aceitar isso num nível profundo de nosso ser.

Judy Hogan escreveu-me a respeito de um símbolo que tinha um significado especial para ela:

> O primeiro sinal que recebi, confirmando que eu estava no caminho certo e que seria ótimo, qualquer que fosse o resultado, foi

uma alcachofra de minha horta. Meu marido e eu tínhamos uma hortinha com morangos e alcachofras, salsa, ruibarbo, batatas, legumes e folhas para salada. O frio do inverno matara nossas lindas alcachofras e, durante dois anos, não tivemos sucesso com as novas mudas. No entanto, naquele ano, com nossa família sempre ocupada, horários de trabalho e outros compromissos sociais, conseguimos obter plantas fortes e uma delas tinha uma flor. Jurei deixar essa flor amadurecer e abrir como eu tinha feito com nossas plantas bem-sucedidas.

Um dia, no final de setembro, percebi que a planta com a flor estava morrendo. Senti-me culpada por não ter dado mais atenção a esse problema, pois era claro que a perderíamos. No entanto, o fim de semana em que a vi, foi logo depois do começo das aulas, e eu planejara fazer conservas e compotas com os legumes e frutas em meu tempo "extra". Ainda não tivera condições de fazer isso, pois estava exausta pela correria do começo do ano letivo (eu dava aulas em duas escolas, e a carga horária que exigiam de mim era absurda).

Assim, com um gesto apressado, cortei a alcachofra e joguei-a na lata de lixo, com grande tristeza — não pela perda da planta, mas, sim, por minha vida ter se tornado tão cronometrada e corrida que eu não tinha tempo para mim, pois alguns anos antes eu a teria salvo e feito um arranjo qualquer com ela. Fiquei diante da lata de lixo durante uns dez minutos com a dolorosa sensação de que aquela parte de mim, que eu considerava a melhor por estar aberta para a vida e para a natureza, e por reconhecer a espiritualidade do quadro mais amplo do mundo e meu lugar nele, estava quase morta. Estava afastada dela há tanto tempo que, naquele dia, mal tive um vislumbre lá no fundo de mim. Percebi que nunca mais voltaria a ser eu mesma se minha tendência atual continuasse. Embora o tempo de colocar a arte e minha outra natureza de lado por causa dos filhos, da família e das responsabilidades externas estivesse chegando ao fim, porque meu filho mais novo iria para a faculdade no ano seguinte, soube naquela hora e naquele lugar, segurando a alcachofra morta, que não iria conseguir — o dano era praticamente irreparável.

Num ataque de raiva, pânico e esperança, peguei a alcachofra outra vez, jurando levá-la para o colégio, para minha amiga que dá aulas de aquarela, esperando que ela pudesse usá-la numa natureza morta. Era um pequeno gesto, mas era um começo, um grito desesperado por mim mesma, para salvar aquela parte minha que murchara — meu próprio ser.

Na segunda-feira, levei a alcachofra para a escola e deixei-a na mesa de minha amiga. Fiquei contente porque ela iria usá-la, e a planta teria um lar. Suas pétalas hermeticamente fechadas, sua forma e sua cor diferentes seriam um desafio para os alunos e uma questão de estrutura e interesse para suas pinturas.

Na quarta-feira, Judy e sua amiga foram a uma conferência sobre artes, em Portland, onde Judy também fez uma consulta ao médico. No dia seguinte, ficou sabendo que tinha câncer no ovário e precisava fazer uma cirurgia. Depois de interná-la no hospital, a amiga ficou com ela até a chegada do marido. Quando a amiga voltou para a escola, lá estava, sobre sua mesa, a alcachofra, esplendorosa e completamente aberta. Naquela mesma semana, o marido de Judy levou-a para o quarto do hospital numa lata de atum que tinha sido pintada pela professora de artes. Quando Judy Hogan viu aquela alcachofra, disse: "Foi um indício de que, embora as coisas parecessem acabadas, ainda havia esperança. Havia um tempo para eu florir, mesmo que acontecimentos recentes apontassem para a parte amputada de meu espírito lá no fundo da lata de lixo".

É isso o que sinto — que se você puder continuar sendo como a alcachofra, não se importará com suas estatísticas ou com suas deficiências. Acho que é parte do motivo dessa senhora estar viva hoje. Aquela alcachofra mostrou-lhe o que o espírito e a natureza podem fazer.

Em seu livro *Inner Work*, Robert A. Johnson afirma que Carl Jung:

acreditava que Deus precisava de departamentos humanos para ajudar na encarnação de sua criação. Como observa Thomas Mann em *José e seus irmãos*: "Deus precisava da escada no sonho de Jacó como forma de ir e vir do céu para a terra". As visões dos seres humanos constroem uma escada assim e transmitem informações para o consciente coletivo da humanidade. Não se requer qualquer "medida prática" além dessa.

Continue procurando atingir sua meta pessoal. Ela pode estar além de seu alcance mas, um dia, a escada aparece e você pode subir até atingi-la.

Para mim, existe um círculo completo. Todos nós fazemos parte do mesmo sistema. A mente, o corpo e o espírito estão integrados e, com nossas imagens, podemos descobrir a presença do amor e da espiritualidade. Podemos nos permitir adquirir poder, induzir a cura de nosso próprio ser mediante os aspectos criativos da poesia, da música, da arte, das imagens, e deixá-los atuar em nós para ajudar a curar nossa doença e resgatar nossa vida.

# 5
# Ajude os Outros: Sempre Há um Jeito

*Ouvi falar do arco-íris, das estrelas, do brilho da luz nas ondas. Essas coisas eu gostaria de ver. Porém, muito mais do que os olhos, gostaria que meus ouvidos se abrissem. A voz de um amigo, os barulhos alegres da comunidade, as imaginações de Mozart... A vida sem isso é muito mais sombria do que a cegueira.*

Helen Keller

# Curar Escutando

Quando nossos filhos eram crianças e me procuravam com seus problemas, eu costumava sugerir-lhes soluções: participe de um grupo, vá fazer terapia, tome vitaminas. Eles me diziam: "Você não ajuda em nada". Mas quando eu me sentava e ouvia, eles me agradeciam pelo que eu fizera e falavam no quanto eu os ajudara.

Vi o mesmo acontecer em nossos grupos de terapia. Às vezes eu me sentava ali atordoado, de boca aberta, sem dizer palavra. À medida que os meses se passavam, as pessoas começavam a me agradecer pelo que eu fizera. O que eu tinha feito? Não lhes tinha dado remédios, nem soluções miraculosas; só tinha ouvido.

Quando alguém que você ama enfrentar dificuldades, ouça. Quando você se sentir mal por não poder curar, ouça. Quando não souber o que oferecer às pessoas de quem gosta, ouça, ouça, ouça.

Às vezes pergunto aos participantes de meus *workshops* se eles prefeririam ser cegos ou surdos. Peço a vocês que fechem os olhos agora e imaginem como seria o seu mundo se você nunca mais voltasse a enxergar. E, depois de alguns minutos, ligue o aparelho de TV; desligue o som e só veja as imagens. Pense em como seria a vida se você não escutasse. Não é que a escolha da pessoa seja certa ou errada; cada um tem suas preferências. Mas, para mim, a cegueira nos separa dos objetos, enquanto a surdez nos separa das pessoas.

Na abertura deste capítulo, cito as palavras de Helen Keller, cega e surda desde o seu 19º mês de vida. Ela fala mais eloqüentemente sobre o poder curativo de ouvir ao dizer: "... muito mais que os olhos, gostaria que meus ouvidos se abrissem". Sei que os surdos podem ouvir com o coração, mas, por favor, tome consciência do poder de ouvir.

Às vezes penso em fundar uma companhia chamada "Companhia Aérea de Terapia", onde você pegaria um avião, se voltaria para a pessoa a seu lado e diria: "Sou psicólogo, e você, o que faz?"; durante as horas seguintes, você ficaria sabendo de todos os problemas da pessoa. Seu companheiro de viagem iria simplesmente colocar tudo para fora. E, depois que a viagem terminasse, a pessoa lhe agradeceria. Assim, a Companhia Aérea de Terapia seria uma empresa que partiria de um aeroporto local e ficaria no ar durante duas horas. O avião estaria cheio de desconhecidos, contaríamos tudo a respeito de nossa vida, uns para os outros; depois, voltaríamos para o ponto de partida e todos nós nos sentiríamos melhor.

Nunca se esqueça do poder de ouvir e da força necessária para simplesmente estar ali — não curando, mas cuidando. O mundo está carente de ouvintes. Imagine uma criança nos braços da mãe. Como Ashley Montagu diz, o mundo precisa ser como uma mãe carinhosa.

## Quando Uma Criança Adoece: Dê-lhe Força

Pense um momento nos pais de Helen Keller. Como reagiram diante da criança de dezenove meses que, de repente, ficou cega e surda? Eis algo em que todos os pais deveriam pensar. O que estão dispostos a aceitar e pelo que querem lutar? Quando seu filho sofre de câncer, Aids, lesão cerebral, mal congênito, você está disposto a lutar contra a doença e não aceitar um veredicto e uma sentença? Isso é importante, porque, se você vai sentir-se fracassado ou culpado se não chegar à cura, então, talvez, seja melhor não tentar. Sei que, com um filho meu, eu faria tudo o que estivesse ao meu alcance.

Uma mulher escreveu-me para perguntar: "Como posso fazer para tornar suas idéias acessíveis a uma criança de quatro anos? Como me apropriar do que você está ensinando e reduzir seu nível de compreensão? Você enfatiza a conquista do controle sobre a própria vida, mas como uma criança poderia obter esse controle? Como tornar a atitude de minha filha em relação a si mesma tão positiva quanto possível? E como saber se uma criança de quatro anos está em paz consigo mesma e com o que a rodeia? Uma criança de quatro anos não se sente impotente?"

Em primeiro lugar, gostaria de dizer que as crianças têm sido meus maiores mestres. No começo, especializei-me em cirurgia infantil, e as crianças ajudaram-me a aprender a ser aberto, honesto e autêntico. Depois, me senti capaz de cuidar dos adultos da mesma forma. Portanto, deixe a honestidade e a abertura de sua criança interior guiá-lo.

Essa mãe fez muitas perguntas importantes e algumas de minhas respostas foram dadas por outros pais, que descobriram algumas formas. Mas ela também pode considerar o que está perguntando e não se intimidar. Como conseguir isso? Observando o que propicia alegria à criança. Escolha um item de cada vez para dar força à criança de maneiras simples. Não se concentre no "controle", mas na paz de espírito. Concentre-se no apoio que você pode lhe dar. Há muitas coisas que não podemos controlar, mas isso podemos conseguir.

No consultório, quando o médico quer a criança deitada na mesa de exame e diz a ela: "Bem, vamos deitá-lo naquela mesa", a criança pode responder: "Não". Mas se o médico diz: "Você quer que eu o leve para a mesa, ou você prefere subir sozinho?", a criança adquire um certo poder. As crianças espertas e resistentes só lançam ao médico um olhar e dizem a si mesmas: "Ah! Ele é um cara que sabe das coisas. Não vou responder nada. Ele que me pegue". Outras respondem: "Tudo bem, eu subo sozinho". Podem mostrar-lhe o quanto são capazes. No hospital, o médico pode perguntar: "Em que veia você gostaria de tomar a injeção?" Assim a criança adquire algum poder.

Algumas famílias penduram um grande quadro de cortiça na parede do quarto de hospital de seu filho. Todos os que vão examinar a criança têm de fazer um desenho. Uma família pedia a todos que deixassem sua impressão digital e a assinasse. O que isso faz, obviamente, é dar poder à criança. Quando alguém entra, inclusive o professor de Pediatria, e diz: "Gostaria de examiná-lo", ou "Vou tirar um pouco de sangue", a criança pode dizer: "Não, só se você fizer um desenho ou deixar a impressão de sua mão e assiná-la". É divertido ver o professor mostrar-se hesitante e avisar: "Bem, não sou um artista". E a criança insistir: "Então não pode me examinar". O pequeno doente é quem assume o comando. Acreditem, a criança sempre sai vitoriosa e vai para casa com um quadro de cortiça cheio de belos desenhos feitos por todos os que cuidaram dela, e que podem ser enquadrados e pendurados na parede.

Seu filho também pode fazer o que uma mulher fez — insistindo para que os médicos a paguem com abraços ou com carinho na cabeça careca, quando forem "apalpar, espetar, ouvir ou sentir seus gânglios linfáticos, seu pulmão, seu coração ou aplicar uma injeção". Uma criança também pode fazer isso. Um abraço, um carinho na cabeça — há muitas formas de as pessoas pagarem e mostrarem sua afeição.

Brinque e jogue com seu filho. Invente uma canção ou escreva um poema; pinte um quadro. Ponha humor na sua vida. Deixe seu filho ser infantil, aprenda com ele, ouça-o. Ele lhe dirá como se sente. Não tenha medo de usar palavras como *câncer*. Não peça aos outros que não falem do assunto, caso contrário seu filho vai parar de falar para proteger você.

Deixe-o ser criativo também e escrever um livro para outras crianças com câncer. Lembro-me quando várias enfermeiras me procuraram para dizer que tinham seis adolescentes muito doentes e não sabiam o que fazer para lhes dar apoio, e ajudá-los. Eu lhe disse: "Peça a esses adolescentes e a suas famílias que escrevam um livro para outros adolescentes e famílias". Seis meses depois, recebi um livro maravilhoso, que é uma inspiração para todos e que, estou certo, ajudará a refazer a vida dessas famílias.

Use desenhos para descobrir como seu filho se sente em relação ao tratamento. Uma família veio a meu consultório — mãe, pai e filha adolescente — com uma figura que a menina desenhara de sua terapia. Os pais disseram que ela não queria mais ir ao hospital submeter-se ao tratamento. O desenho mostrava a menina segurando uma lança, com a frase: "Odeio vocês". As palavras *careca*, *feia* e *horrível* estavam escritas no desenho, com flechas apontando para ela. Num dos cantos do papel havia uma célula cancerígena chorando e pedindo "socorro". Quando perguntei à menina, "A quem você odeia?". Ela respondeu: "Oh! Odeio os médicos. Eles me fizeram ficar careca, feia e horrível". Ela possuía mais afinidade com o câncer e queria enfiar a lança em seu médico. Foi uma luta para os pais. Como fazer sua filha, que odeia o médico, voltar para o tratamento? É o que pode acontecer quando não deixamos a criança participar.

Deixar a criança participar pode significar coisas simples como fazer o tratamento na segunda-feira, para ela poder estar com os amigos durante o sábado e o domingo, em vez de fazê-lo na sexta e ela sentir-se mal durante todo o fim de semana. Pode ser organizar um programa na escola para professores e alunos, para ajudá-los a entender e dar apoio a estudantes com câncer.

Lembre-se de que as crianças são muito sugestionáveis; use essa sensibilidade de forma terapêutica. Você pode dar "pílulas para abrir o apetite" de seu filho, ou então "uma pomada para fazer o cabelo crescer". Essas coisas podem mudar suas atitudes. Deixe seu filho conversar com outras crianças da escola que tiveram câncer. Tenho certeza de que seu filho não é o único. Elas se apoiarão mutuamente. É comovente conversar com crianças que tiveram câncer e perguntar-lhes o que fariam por outra criança da escola e ouvi-las dizer que fariam de tudo para defendê-la. Portanto, reúna as crianças — elas ajudarão umas às outras a se curar.

Participe de organizações como "Candlelighters" [Acendedores de velas] para ouvir o que outras famílias têm a dizer e, repito, reúna os irmãos e outras crianças para darem apoio a seu filho. Informe seu médico a respeito do que você está fazendo. Se um dia você chegar com seu filho e o médico lhe disser: "O número de seus glóbulos brancos está baixo hoje, nada de quimioterapia". A criança pode dizer: "Ah, então, vou morrer se não fizer o tratamento". Mas você pode lembrar-lhe da existência de outros recursos e conversar sobre "sua nutrição, suas vitaminas, seus exercícios de visualização — eles também ajudam você a ficar forte".

Como saber se uma criança de quatro anos está em paz? Eu lhe diria para perguntar a ela sobre seus sentimentos e seus sonhos, e para observar seus desenhos. Se a sua casa estiver cheia de amor, se seus pais forem carinhosos, a criança estará em paz. Portanto, faça a si mesmo a pergunta: "Eu estou em paz?". Se seu filho tiver amor, estará em paz.

Como observamos antes, Jason Gaes escreveu um belo livro chamado *My Book for Kids with Cansur*, que ajudou outras crianças, assim como aos adultos, também. Costumo fazer citações deste livro em meus *workshops*. Ele transformou sua doença numa dádiva (mantenho sua ortografia):

> Se você conseguir encontrar, pendure no seu quarto um *poster* com os dizeres: "Ajude-me a lembrar, Senhor, que hoje não vai acontecer nada que Você e eu juntos não possamos enfrentar". E leia-o de noite quando tiver medo. Se você ficar com medo e não melhorar, chame sua mãe e converse com ela, que ela pode pegar você no colo ou passar a mão no seu cabelo...
>
> Às vezes, quando você fica mal por causa de um tratamento, acaba perdendo aula, mas procure fazer seu trabalho porque o "colejo" obriga a gente a fazer todas as lições antes de você virar doutor. E vou ser um doutor que cuida de criança de "cânce" para eu poder contar pra elas como é.

Em uma página, Jason escreve tudo o que busco num livro inteiro para falar, pois é um nativo. Também tem sido um dos meus mestres — embora minha ortografia seja melhor do que a dele.

Outro jovem que me tocou muito profundamente foi Michael Lidington. Depois que sua médica lhe disse que não havia mais nada a fazer por ele e saiu da sala de consulta em lágrimas, Michael lamentou-se à sua mãe: "Nunca vou querer ser médico".

— Por que não, Michael?

— Porque nunca vou querer dizer isso a uma criança.

Depois que seu câncer entrou em remissão, ele escreveu um poema chamado "Venci!!!":

O câncer se foi, estou livre de novo;
Resolvi não passar pela porta.
Irei embora daqui na hora certa;
Seja de dia, seja tarde da noite.
Mas, se eu não estiver pronto, vai ter briga!
Minha família e amigos me ajudaram a viver
Uma boa parte do tempo, sem saber o que fazer.
Quero que saibam que faria o mesmo por eles,
Que são as jóias preciosas de MINHA vida.

Ninguém vai entender de verdade,
A dor que empurra o lápis na minha mão.
Sei que comprenderiam,
Queriam compreender,
Mas, por enquanto, estou aqui, na solidão.

É hora de minha vida ir adiante;
Afastar-se da praga que carreguei tão só.
Está na hora de eu viver outra vez;
De minha vida desatar esse nó.

Obrigado, vocês que se preocuparam;
Mas não vou morrer (palavra de honra!).
Quem precisar, pegue na minha mão:
Sou bom guia nessa terra selvagem.

Conversei com Michael e disse-lhe ter gostado de seu poema, mas não do título, pois ele era um vencedor, por sua luta e por sua atitude, quer o câncer voltasse, quer não.

Seu câncer voltou, de fato, mas um poema que escreveu para ser lido pelo irmão em seu enterro continha a mensagem que eu queria que ele entendesse (ver p. 183).

Acredito que o amor afasta todas as doenças, e que a ausência de amor é a única doença real. Se você não entender isso, converse com uma pessoa doente que não tem amor, e com outra pessoa doente que o tem. Não estou dizendo isso para gerar culpa ou para fazê-lo sentir que não ama o bastante, mas para compreendermos o que é a verdadeira cura. Esperança, a sensação de controle, a segurança dos pais — tudo isso conforta a criança. Quando a criança é amada, sente-se segura, pois nada que possa acontecer lhe provoca medo. E isso inclui doença e morte. Como disse uma criança: "Minha mãe estava aqui quando nasci e estará aqui quando eu morrer". Imagine uma criança com uma doença fatal deitada num berço, no hospital, com os pais deitados na cama ao lado. Ela está bem? Está salva? Minha resposta é sim, por causa do amor que envolve essa criança e essa família.

Quando você está ali, seu filho pode enfrentar dificuldades e as mudanças cercado de amor.

## Fazer Amor Quando Seu Parceiro Está Doente

Como é possível você e seu par continuarem fazendo amor quando ele ou ela estão doentes?

Em primeiro lugar, você tem de considerar a questão: O que é fazer amor? Nunca esquecerei uma mulher, com a barriga já bem grande, que respondeu: "Meu marido e eu transamos com os ombros e os joelhos em volta da minha barriga". Isso é fazer amor.

Fazer amor é contato, toque. Lembre-se de que nossa psicologia é transformada pelo toque. Os recém-nascidos que são tocados ganham mais peso do que os bebês que recebem a mesma quantidade de leite, mas não são tocados. O toque transmite-lhes a informação de que são amados e altera sua química. Entenda que tocar um ente querido também o transforma e atua sobre o seu corpo. Os adolescentes de um hospital psiquiátrico que eram massageados tinham menos ansiedade do que os outros. Até a equipe ficou enciumada.

Os neuropeptídios são influenciados pelo toque. Interrompo com freqüência minhas palestras noturnas — que duram algumas horas — e peço às pessoas que se levantem, virem-se e massageiem o pescoço e os ombros do seu vizinho; depois elas trocam de papel e retribuem o favor. Muitas vezes, elas aplaudem espontaneamente esse gesto, e pergunto lhes por que estão batendo palmas. Bem, é a maneira de expressar como se sentem depois de terem sido tocadas. É uma pena que a função do toque seja tão mal compreendida. Mas a Universidade de Miami abriu um Instituto do Toque e, aos poucos, estamos fazendo da massagem terapêutica uma profissão oficial-mente reconhecida na área de saúde. A maioria dos estados não a reconhece como tal, porém considero de vital importância admitirmos que o toque desempenha um papel básico em nossas interações e em nossa saúde.

Quanto à relação sexual, pergunto antes de tudo como você se sente a respeito de si mesmo e de seu corpo. Quero que saiba que você não é rejeitado, quer se trate de uma mastectomia, colostomia, cirurgia da próstata, dificuldade para ter ereção ou secura vaginal. Se você estiver se sentindo feio, indigno de amor ou incapaz de agir normalmente, todas essas coisas poderão afetar seu desejo de participar do amor sexual.

Se o outro não estiver com vontade de fazer amor, procure não se sentir rejeitado ou recusado. Informe-o de suas necessidades também. Toque a pessoa — sua amante, seu marido. Deixe o outro perceber que você pode tocar seu corpo e aceitá-lo, e o quanto o toque dele significa para você. Diga-lhe, de alguma forma, que sabe que ele/ela não é apenas sua doença. "Não sou a feiúra de minha doença", comentou uma mulher. Continue consciente da beleza da pessoa, toque-a e deixe o amor aflorar. Posições diferentes podem facilitar, assim como perguntar ao outro o que gostaria de fazer. Pergunte-lhe como você pode participar, como pode ajudar, para se sentirem à vontade com seus corpos, sabendo que não estão realmente diferentes, quer exista ou não uma doença. Demonstre seu amor e carinho. Quando o marido que tem cabelo e sua barba, entra no banheiro e raspa tudo, olha para sua mulher que perdeu o cabelo por causa da quimioterapia e pergunta: "Que tal?", ela cai na gargalhada e é resgatada por aquele ato.

Se você faz essas coisas, mesmo quando a relação sexual se torna difícil ou impossível, ainda há condições de fazer amor. Às vezes, quando os órgãos envolvidos na atividade sexual foram removidos, ainda podemos satisfazer o outro, mesmo quando nós próprios não podemos participar inteiramente. Isso é que é realmente dar carinho e prazer por amor ao outro. É algo que acontece quando uma relação afetiva atingiu um nível muito profundo.

## A Pessoa Que Dá os Cuidados Básicos

Às vezes, a pessoa que cuida fica mais motivada do que o paciente. Quando o paciente de câncer não pode, devido a uma impossibilidade mental ou física, ser um paciente extraordinário, será que a pessoa que cuida dele deve transformar-se naquela criatura fora de série?

Não creio que a verdadeira questão seja o fato de alguém ser extraordinário ou não. Não é justo exigir mais da pessoa que cuida porque o paciente não é capaz de fazer certas coisas. A meu ver, o papel do indivíduo que cuida de um doente é o mesmo, seja esse doente como for. Esse papel consiste em deixar os pacientes terem sua doença, fornecer-lhes material e informação que lhes permita fazer opções e serem excepcionais, se quiserem. Também é não fazer com que eles, ou você mesmo, se sintam fracassados. A pessoa que cuida deve deixar que o paciente tenha sua enfermidade — não é ela que está doente.

Em meu livro *Paz, amor e cura*, elaborei uma lista das várias formas pelas quais você, que presta os cuidados básicos, pode cuidar de si próprio para não adoecer por estar tratando de outra pessoa. Você também precisa de gente que lhe dê apoio, de sua terapia. Você também precisa de ajuda e, se considera isso excepcional, eu lhe digo: "É". Mas também garanto que é o comportamento normal e saudável de quem cuida.

O que você vai descobrir, claro, é que quando deixa aos pacientes a responsabilidade por sua doença, eles começam a mudar em pequenas coisas. Passam a enfrentar a doença, ao passo que antes podem tê-lo usado, manipulado, exaurido, deixado todas as decisões para você tomar e todo o trabalho em suas costas. Quando você não age mais dessa forma, eles são obrigados a mudar.

No início, eles podem ficar com muita raiva. Porém, no final, acho que vão lhe agradecer. Compreenda que, se puder ouvir as pessoas doentes, você já está ajudando. Portanto, aprenda a ouvir — e elas terão de tomar decisões e fazer coisas que tornarão seu trabalho mais fácil.

Isso lhe permitirá cuidar de si e deixar aflorar todos os sentimentos a que tem direito, que podem incluir raiva da outra pessoa e cansaço. Não se julgue mal por ficar com raiva de um membro da família que está doente. Sinto isso às vezes. Se amo alguém, fico muito zangado quando essa pessoa adoece. Isso torna a vida dela e a minha mais difí-ceis. Posso ficar cansado. Mas ainda a amo — só não gosto do que está acontecendo.

Ponha tudo isso para fora. Deixe tudo isso lá fora. Permita que o relacionamento cresça. Quando estiver cansado, cuide de si. Você também tem suas necessidades.

Às vezes, me perguntam: "Existem meios de ajudarmos alguém que não quer ser ajudado?". E a resposta é "não". Mas você ainda pode amar essa pessoa e criar um ambiente seguro para que ela tenha condições de modificar-se. E, ao apoiá-la, ela se torna mais receptiva para receber ajuda e modificar-se.

Há formas práticas de ajudar um parente e assim evitar a sensação de culpa, que é levar-lhe livros e fitas para que ele possa ler, ouvir e até jogar fora. Seu parente vai ficar sabendo que você se importa com ele e que providenciou um recurso que não é obrigado a usar. Às vezes, sugiro convidar a pessoa para dar uma volta de carro. Quando estiver dirigindo, a oitenta quilômetros por hora, coloque no gravador uma fita que você acha que pode ajudar o doente. Não é muito provável que ele pule fora do carro; o mais provável é que ouça a fita. Ainda que ele não faça nada do que você ou a fita sugerem, por outro lado, você agora tem um assunto sobre o qual falar e a mudança pode ocorrer devagarinho.

Leve seu familiar a uma conferência, ou a um *workshop*, caso ele esteja disposto a sair com você. Repito, seu doente não precisa concordar, mas ofereça-lhe algo com que discordar. Quero dizer, em termos amistosos — algo sobre o que falar. Assim você estará abrindo canais de comunicação, no caso de não ter existido nenhum antes.

O que fazer com a tristeza de ver sofrendo uma pessoa que você ama, e que não tem forças para mudar? Repito mais uma vez: não julgue as pessoas, nem as transforme em derrotadas. Não podemos obrigar ninguém a mudar. Podemos oferecer-lhe alternativas e oportunidades. Como você enfrenta a tristeza? Expresse-a, chore por causa dela, talvez até diante da pessoa. Ver as lágrimas em seus olhos e o quanto você gosta dela pode estimular uma transformação.

## Problemas Práticos

As famílias podem sentir-se esmagadas pelos enormes problemas que enfrentam quando o câncer se manifesta: falta de dinheiro, necessidade de tratamento em casa, que não é coberto pelo seguro-saúde, a tentativa de dar conta de tudo, ao mesmo tempo em que fazem o possível para estar à disposição do paciente. Não é fácil resolver esses problemas. Mas, sugiro, que você aja politicamente. Mude as leis. Enfrente as companhias de assistência à saúde. Enfrente o governo. Apele para os advogados. Ajude as pessoas que não estão recebendo os devidos cuidados. Por que somos obrigados a uma vida de miséria para receber ajuda do Estado? Por que o seguro não pode ser adequadamente formulado e adaptado, a fim de que todos recebam ajuda quando são atingidos por infortúnios? Como parte de um plano de saúde, poderíamos também descobrir meios de recompensar as pessoas que fazem o possível para se manter saudáveis. A indústria está começando a mudar, vendo as vantagens da saúde e o custo financeiro das doenças. Portanto, seja ativo, fale em alto e bom som, adquira poder. As mudanças estão a caminho.

Pessoalmente, você não pode ser o único a cuidar de um ente querido. Peça ajuda. Converse com a família. Persevere. Às vezes, o doente pode ser a pessoa que faz tudo isso pela família.

Penso no assistente social que escreveu a todos os seus amigos explicando: "Vou precisar de todos vocês. O nome de todos vocês que estão recebendo esta carta aparece na lista anexa. Vocês vão ter de se encontrar, fazer uma reunião, planejar um escalonamento, para eu poder receber toda a ajuda de que preciso para fazer viagens, visitas, compras". E criou uma família que agora organiza uma festa por ano por causa dessa carta.

Não tenha medo de pedir ajuda. Uma senhora contou-me: "Motoristas de táxi ajudaram-me e rezaram por mim; um veterinário cuidou do meu gato sem cobrar, quando soube que meu marido estava com câncer".

Informe as pessoas. Seja perseverante. Vejo isso em nossos *workshops*. Queremos que todos saibam que damos bolsas de estudo. Se você quer participar de um *workshop* e não tem dinheiro, telefone e diga: "Não tenho dinheiro, mas gostaria muito de estar aí". Acredite-me, se você conversar comigo ou com as pessoas que cuidam da administração dos *workshops*, com toda a probabilidade você vai estar lá. Talvez lhe peçamos para fazer um trabalho voluntário ou ajudar de alguma forma, mas você estará presente.

Quando as coisas ficam realmente difíceis, o meu conselho é: "Peça ajuda". Peça ajuda a um profissional. Peça ajuda aos assistentes sociais do hospital, a organizações e sociedades, a sua igreja ou sinagoga local — qualquer grupo. Informe sua comunidade. Temos em nosso grupo uma mulher que não tinha condições de manter seu apartamento. O Estado queria que ela se mudasse para um apartamento mais barato e mais distante do hospital. Ficaria mais caro transportá-la para o hospital do que pagar o aluguel do primeiro apartamento. Escrevi às autoridades explicando que sua proposta custaria mais. Um artigo foi publicado num jornal a respeito dessa mulher, foram feitas doações para ajudá-la a pagar seu aluguel e enquanto as autoridades não mudavam de idéia e as pessoas continuavam a ajudá-la, ela conseguiu ficar no mesmo apartamento. Portanto, não tenha medo de lutar.

A vida é difícil. Procure reduzir as dificuldades a pedacinhos, a pequenos passos, e compartilhe-as com os demais — aí elas podem tornar-se suportáveis. O segredo é aprender a conviver com os obstáculos que atravessam nosso caminho.

## Nada É Impossível: Acredito Em Milagres

Quando alguém me telefona perguntando se é possível reverter o mal de Alzheimer, o autismo, ou qualquer outra doença, minha resposta, quando conheço alguém que conseguiu é "sim". Caso contrário, pergunto: "Você não quer tentar?". Essa é a verdadeira questão.

Existem pessoas que ficaram muito bem, apesar de diagnosticadas com o mal de Alzheimer. Conheço famílias que dedicaram tanta atenção, tantos cuidados e fizeram tantos toques em seus doentes queridos que estes ficaram incrivelmente bem. E, se você quiser tentar reverter a doença, acho ótimo.

Observe todos os elementos nutricionais, emocionais, psicológicos e medicinais que puder — quer tradicionais, quer alternativos — e veja o que se pode conseguir com eles. Mesmo que seja apenas em nome da esperança, vale a pena tentar. O sentimento de culpa pode aflorar se você não tentar, ou se você não curar a doença. Se a culpa é inerente ao seu estado psíquico, enfrente-a e transforme-se num vencedor por seus esforços, não apenas por causa dos resultados. Coloque todo o seu empenho no confronto com a doença, qualquer que ela seja.

Quando você está lidando com alguém que sofreu uma lesão cerebral, e informam-lhe que não há chances de recuperação, repito: não aceite um veredicto, nem uma sentença. Continue se comunicando, compartilhando sua vida, conversando, gravando fitas, tocando música, conversando com o doente. É surpreendente o que aconteceu a algumas pessoas em termos de recuperação de lesão cerebral. Pessoas que perderam a visão e voltaram a enxergar. Pessoas sobre as quais se disse que nunca mais realizariam coisa alguma, entraram na faculdade. Podemos reaprender.

Se você vai se sentir culpado caso o milagre não ocorra, é melhor não tentar. Mas se você disser: "É o meu filho, é o meu amor e quero ver o que consigo", então, por todos os meios possíveis, dê-lhe absolutamente tudo, tudo o que puder, e veja o que vem à tona.

Aceite o desafio. Enfrente-o. Peça: "Examina-me, Senhor, e Prova-me". Com um "P" maiúsculo.

Recebi uma carta de uma mulher cujo tio estava com câncer no fígado e no pâncreas; ela achou que os médicos simplesmente "riscaram-no". Ela disse-me: "Preciso de orientação sobre o que fazer por tio Charles". Minha resposta foi que ela deveria lembrar-se de perguntar ao tio Charles o que ele precisava ou queria. Não transforme seus familiares em fracassados, basta amar seu tio e estar ao lado dele, dar-lhe apoio. Você consegue ver alternativas para o tio Charles? Mesmo que sejam apenas esperança e orações? Pergunte-lhe o que gostaria de fazer. Apresente-o a outros lutadores, sobreviventes e indivíduos singulares, extraordinários. Isso o ajudará a viver. Não quer dizer que não morra ou que o tio Charles não vá morrer, mas terá de fato vivido antes da morte, e todos guardarão sua lembrança, terão orgulho dele, como ele terá de si mesmo. Terá vencido o câncer.

Um senhor chamado Peter Uhlman escreveu para Bobbie e para mim agradecendo-nos por termos ajudado a ele e à sua mulher a "vencer o câncer": "Agradeço-lhe por nos ter dado poder através do conhecimento e da força. Com nosso entusiasmo, resgatamos nossa vida e, durante o processo, vencemos o câncer".

Como alguém vence o câncer? Pare e pense um momento. Minha resposta é que a vitória sobre o câncer está relacionada com sua maneira de viver, não em viver para sempre. Peter Uhlman diz ainda que, depois do diagnóstico de sua mulher:

> Os médicos mandaram-na para casa cinco dias depois, para morrer.
> Pegamos o carro e fomos em busca de outras opiniões; foi uma viagem que batizamos de "Excursão do câncer, 1992". Quase mandamos fazer umas camisetas com esses dizeres. Descobrimos muita coisa a respeito do que estava errado com a classe médica nos dias seguintes. Num lugar, disseram-nos que não estávamos "nos portando bem", que o problema era sério e que não devíamos estar rindo. Um médico chegou a acusar-nos de "irreverência" em relação à doença. Tomamos como elogio.
> À medida que Diane foi piorando, agarramo-nos a todas as coisas que tínhamos aprendido antes com Bernie. Melhoramos os relacionamentos, abraçamos a vida, planejamos nosso futuro, rimos, rezamos, choramos e sonhamos juntos. A única coisa que ficamos sabendo mesmo é que o câncer não é apenas uma doença física, mas uma doença metafórica, e não íamos deixar que metastatizasse nosso casamento.
> Diane morreu enquanto eu cantava para ela à noite, sete semanas depois do diagnóstico. Senti tanto medo da morte durante toda a minha vida... Gastei um bocado de tempo procurando descobrir se eu realmente amava a vida ou se apenas odiava a morte: a diferença é enorme. Tive de dizer a minha mulher que não havia problema em partir, que eu continuaria, você sabe, pagando os impostos, dando comida para o gato, cuidando da mãe dela. Ainda estávamos fazendo brincadeiras um com o outro uma hora antes que ela morresse. Minha mulher, em seu último ato de amor, liberou-me desse medo, e deu-me paz de espírito.

Venceram realmente o câncer.

# 6
# "Em Nome do Amor": as Profissões da Saúde

*Não é possível salvar todos os pacientes, mas a doença pode ser amenizada pela forma como o médico interage com o paciente — e, ao interagir com ele, o médico pode salvar a si mesmo. Mas, primeiro, é necessário que se torne estudante de novo; tem de dissecar o cadáver de sua persona profissional; precisa entender que seu silêncio e neutralidade não são naturais. Talvez seja necessário renunciar a parte de sua autoridade em troca de sua humanidade e, como os antigos médicos de família sabiam, não é um mau negócio. Ao aprender a conversar com seus pacientes, o médico talvez consiga lembrar-se por que amava seu trabalho. Tem pouco a perder e tudo a ganhar ao acolher o doente em seu coração.*
*Se fizer isso, podem compartilhar, como poucos, a maravilha, o terror, o êxtase de estar à beira do abismo de ser, entre o natural e o sobrenatural.*

Anatole Broyard
*Intoxicated by My Ilness*

# Modificando a Formação Médica

Quando me perguntam que mudanças eu introduziria na formação médica, lembro-me de uma pintura maravilhosa chamada *The doctor*, agora na Galeria Tate, em Londres. Pare um minuto e pense. Se eu lhe pedisse que pintasse um quadro intitulado *O médico*, o que você pintaria? Existem muitos quadros com esse nome, e cada um ilustra cenas diferentes. Aquele em que estou pensando mostra um homem sentado, no interior de uma choupana, inclinado sobre a cama de uma criança doente. Não está cercado de equipamentos fantásticos; está apenas ouvindo e cuidando, enquanto os pais, preocupados, encontram-se no fundo. O artista, *sir* Luke Fildes, pintou esse quadro em 1891. Passou pela experiência de perder um de seus filhos no dia de Natal. Ele sabia o que significava "o doutor". Hoje, se eu pedisse a um grupo de médicos: "Por favor, pintem um quadro com o título *O médico*", as pinturas estariam cheias de instrumentos e roupas brancas.

Quando exibo um *slide* desse quadro, pergunto se ele se chama *Tarde demais* ou *O médico*. As pessoas admiram o cuidado e o carinho na pintura, e dão-lhe o título de *O médico*. Gostaria que os profissionais de saúde compreendessem que nunca é tarde demais, que sempre há alguém precisando de cuidados. Precisamos nos lembrar que a raiz da palavra *doutor* significa "ensinar".

Em minha mesa de trabalho, em casa e no escritório, tenho cópias do quadro de Fildes, para me lembrar do tipo de médico que eu gostaria de ser, e que nunca é tarde demais para ensinar e cuidar.

É claro que os médicos e enfermeiras não se propõem a construir muros à sua volta, nem a se transformar em vilões. Quando você vai a uma formatura não fica com raiva das centenas de jovens, homens e mulheres, que estão se formando e aguardando a hora de ajudar as pessoas. O problema é o que acontece a eles durante o curso e nos anos seguintes à formatura. As atribulações da vida e o sofrimento dos doentes de quem cuidam começam a afetá-los cada vez mais e eles param de sentir, pois não têm qualquer orientação nesse sentido. Um médico escreveu-me dizendo que achava que os médicos eram como garçons, servindo sempre a mesma comida, aos mesmos clientes, cada qual odiando o outro. As escolas de Medicina precisam ensinar aos médicos que é importante expressar sentimentos e compartilhar dificuldades em reuniões e aulas em que possam conversar uns com os outros a respeito de seu sofrimento.

Nossa formação é que não é boa. Mesmo quando os estudantes de Medicina começam os estágios não recebem o apoio e a educação que precisam para impedi-los de despersonalizar os seres humanos. Parte do problema é evidentemente responsabilidade de seus professores, que não enfrentaram eles próprios esse tipo de problema. Mas, se não abrirmos espaço para os estudantes e pacientes falarem e exigirem o que é necessário, a mudança vai ser lenta. O que o atual sistema vai criar é um grupo de pessoas que pode ser excelente, mas que não opta mais por serem médicos, ou que precisa tomar extremo cuidado com a especialidade escolhida para poder se proteger. A maioria dos médicos não escolheria de novo essa profissão, nem gostaria que seus filhos se tornassem médicos, enquanto outros estão ficando tão especializados que os cuidados médicos acabarão afetados de maneira negativa. Certas especializações afastam-no do tratamento de pessoas realmente doentes que poderiam ameaçá-lo ou fazerem-no sentir-se incompetente.

Há diversas formas que eu gostaria de utilizar para "humanizar" os cursos de Medicina. Insistiria para que os médicos tivessem uma experiência pessoal do que é ficar doente. Gostaria de ver todos os médicos internados num hospital em que ninguém os conhecesse, com um diagnóstico de doença terminal. Cada um deles ficaria ali por uma semana e veria como os pacientes são tratados.

Gostaria que os médicos fossem tratados de tal forma que se tornassem "nativos", e conseguissem dizer a um paciente: "Compreendo o que você está passando. Eu também já passei por isso".

Os pacientes devem tornar-se parte do processo de formação médica. Os médicos precisam entender que estão tratando de pessoas, não apenas de doenças, e que as pessoas são diferentes dos casos citados nos livros de Medicina. Eu lhes apresentaria pessoas durante sua primeira semana na faculdade, não apenas livros ou cadáveres, mas seres humanos vivos. E encorajaria os pacientes a dizer: "Aqui estou, e quero que você saiba o que é estar doente. Quero que saiba por que está estudando tudo isso".

Os estudantes de Medicina e os médicos que tiveram câncer, Aids ou outras doenças devem falar aos futuros médicos. Os médicos devem tomar conhecimento dos sonhos e dos desenhos da obra de Carl Jung e outros, que se referem à questão da sabedoria dos pacientes. Eu traria pessoas de noventa anos para fazer conferências. Isso já é feito em algumas faculdades, para os médicos entenderem melhor a experiência da vida.

Os médicos devem ir a santuários como o de Lourdes, onde vão os doentes incuráveis, para entenderem o valor da esperança e da oração. Como dar esperança? Como mostrar o valor da oração? De que serve nossa formação médica num santuário, onde vão todos os doentes incuráveis? Bem, você começa a perceber que o que tem valor é sua presença. Se trabalhássemos em asilos ou hospitais de velhos ou em casas de repouso, teríamos de nos voltar novamente para o cuidado, o carinho com o paciente. Precisamos nos expor a problemas que não podemos resolver e aprender a cuidar das pessoas e enfrentar sentimentos de derrota e culpa. Um paciente que estava indo bem no começo contou ao seu médico que havia mil pessoas rezando por ele. Quando teve uma recaída, o médico advertiu-o: "Acho que você precisa de duas mil pessoas rezando". Isso é cuidar?

Um médico escreveu-me contando sua experiência depois que descobriu a existência de um carcinoma. Ele e sua mulher começaram a tomar lições de dança de salão, participaram de uma produção de teatro, freqüentaram um grupo local de apoio a pacientes de câncer, tomaram aulas de desenho. Ele começara a viver. Mas relatou também que outros médicos procuravam evitá-lo. Só um dos quatro médicos que freqüentavam sua sinagoga visitou-o e conversou a respeito de sua cirurgia. Esse é outro problema dos médicos — não fazemos visitas porque temos medo de nossas emoções, de nossa vulnerabilidade. Atrás da mesa, você se sente seguro. Encoste a mesa na parede e abra-se para seus pacientes!

Os médicos precisam aprender a se comunicar. Como você diz a um paciente que ele está com Aids ou câncer, sem lhe tirar a esperança? Como o ajuda a manter sua força? As guias de exames, os relatórios médicos que pedimos aos pacientes para assinar, são coisas destrutivas. Ninguém nos ensinou a redigi-los de maneira a não induzir as pessoas a terem pensamentos negativos e efeitos colaterais.

Quando nosso filho Stephen estava na faculdade, pintou um quadro interessante; basicamente, consistia na palavra *words* (palavras). Pegue uma caneta ou um lápis, escreva *words* várias vezes, sem espaço entre as letras: *wordswordswords* e você verá que as palavras se transformam em espadas: *sword*. No centro do quadro de Stephen, está escrito: "sem significado". Bem, é claro que significa algo: as palavras podem ser incrivelmente destrutivas. No meio das espadas (*swords*) há uma palavra (*word*).

Os médicos precisam saber que palavras como *tóxico, blasto, ataque, matar, assalto* e *insulto* são destrutivas, quer sejam consciente ou

120

inconscientemente. Bobbie e eu escrevemos um artigo chamado "Guerra e Paz", exatamente para mostrar como os médicos vêem a doença e a guerra que travamos com ela.

Não são apenas nossos remédios e cirurgias que provocam impacto; as palavras também podem curar ou matar. Numa reunião que tive com Norman Cousins, ele usou a expressão *erro psicológico*. E o psiquiatra Milton Erikson usou a expressão *saúde iatrogênica*. Falamos muito de doença iatrogênica, aquela que é provocada pelo tratamento médico. Mas podemos induzir a saúde e evitar o erro e a negligência psicológica. Os médicos podem, de fato, reduzir o tempo de vida de uma pessoa pelo que dizem, quando tiram a esperança.

Poderíamos incentivar as escolas de Medicina a introduzir cursos — algumas já estão fazendo isso — onde os médicos aprendessem a falar com as pessoas a respeito de seus medos, para que não tomassem conhecimento apenas de fatos nos dois primeiros anos de faculdade. Ao abrir essa porta, as faculdades nos dão permissão de falar sobre nossos problemas, e então percebemos que não somos fracos. Quando freqüentamos uma faculdade de Medicina e participamos de uma aula, ouvimos os professores discorrerem sobre ciências exatas ou humanidades. Bem, quem é o molenga que se interessa por humanidades? As humanidades dizem respeito às pessoas. Como provar que é da maior importância saber cuidar das pessoas? Os que ensinam as ciências "exatas" podem elaborar um teste para que o aluno prove que conhece os fatos. Mas os resultados das "humanas" só aparecem mais tarde, na paz de espírito dos pacientes, com as pessoas saindo do hospital antes do tempo previsto, sarando mais depressa, com menos processos judiciais — resultados que não serão aferidos na próxima prova.

Um médico da Universidade da Califórnia, em Irvine, começou a dar um curso chamado "As humanidades e o cuidado com as pessoas". Quando trabalhava como ortopedista no Vietnã, cuidou de um soldado que havia quebrado a perna num acidente de helicóptero. O médico engessou-lhe a perna, mas a dor era terrível. Assim, retirou o gesso, pensando que não o colocara direito; colocou-o de novo e a dor ainda era insuportável. Toda vez que trocava o gesso, conversava com o jovem, que acabou lhe revelando que todos os seus companheiros tinham morrido no acidente e que ele se sentia culpado por ter sobrevivido. Quando o jovem terminou de contar sua história, a dor desapareceu. O cirurgião voltou do Vietnã entendendo o quanto a vida e a dor estão relacionadas ao que está acontecendo no plano emocional. Por isso, começou esse curso para seus alunos, para ajudá-los a entender, a partir de dentro, que nas "humanidades" há muita ciência e muita sabedoria a respeito de dor e de cura.

Estou percebendo mudanças que me deixam esperançoso. Ao reler os folhetos da American Cancer Society dos anos 80, vejo que só falavam do câncer, não de pessoas; aconselhavam os pacientes a não confiar em cura auto-induzida, pois não havia provas científicas que a fundamentasse. Mas a cura auto-induzida é o único tipo de cura que existe. Escrevi à American College of Surgeons sobre as atitudes propostas, que inclui as palavras "*Lidarei* com meus pacientes como gostaria que *lidassem comigo* se estivesse na situação deles. Não quero que "lidem comigo" — quero que cuidem e tratem de mim". É preciso dizer que responderam à minha carta e pediram-me para escrever um artigo que, no entanto, ainda não tinha sido publicado dois meses depois. A American Cancer Society também está proporcionando o tipo de treinamento psicossocial que desprezava há alguns anos, a médicos e enfermeiras.

Acho que os médicos estão realmente se abrindo para muitas dessas idéias. Recebo um número cada vez maior de convites de faculdades de Medicina, hospitais e associações médicas para fazer conferências. Os médicos que há dez ou quinze anos perguntavam-se por que suas instituições tinham me convidado, agora me procuram. Estão ficando mais abertos porque estão começando a entender seu próprio sofrimento e o de seus pacientes.

Matt Mumber, um amigo que agora é oncologista especializado em radioterapia, fundou um grupo chamado GEMS (Group of Exceptional Medical Students) na Faculdade de Medicina da Universidade de Virgínia. No começo, foi difícil para os estudantes descobrirem quem poderia participar — era só para quem tirasse dez em todas as matérias? Mas Matt deixou claro que a participação estava relacionada à compaixão, ao amor e à cura. Tornou-se uma atividade extracurricular reconhecida pela faculdade. Os estudantes encontravam-se regularmente para tratar dos tópicos mencionados e dos sentimentos despertados por eles. Matt desenhou uma imagem sua como oncologista, médico de família e cirurgião, o que o ajudou a decidir-se por essa especialização.

## O Médico Doente

Num ensaio intitulado "A dimensão religiosa e psicológica dos médicos doentes", o dr. James Knight fala da peça de Thornton Wilder,

*The Angel that Troubled the Waters*. Nessa peça, um médico vai periodicamente à lagoa de Bethesda; dizem que alguém será curado sempre que um anjo agitar as águas. O médico

... espera o anjo, espera ser o primeiro a chegar à lagoa e ser curado de sua melancolia e de seu remorso. O anjo aparece, mas impede a entrada do médico quando ele está prestes a entrar na água e ser curado... O médico implora, mas o anjo insiste em dizer-lhe que a cura não é para ele; então, o anjo pronuncia as seguintes palavras:

"Sem seu sofrimento, onde estaria seu poder? É a melancolia que faz sua voz grave penetrar no coração dos homens. Os próprios anjos não conseguem consolar as pobres crianças infelizes da terra como um ser humano estraçalhado pelas rodas da vida. Só em nome do amor os soldados feridos conseguem servir. Para trás."

Mais tarde, a pessoa que se cura rejubila-se com sua boa sorte e volta-se para o médico antes de sair da lagoa de Bethesda e diz: "Mas venha comigo primeiro, só por uma hora, venha até minha casa. Meu filho está perdido em pensamentos sombrios. Eu, eu não o entendo, e só você levantou-lhe o ânimo... Só por uma hora... Minha filha, desde que seu filho morreu, fica sentada no escuro. Não nos dá ouvidos... mas dará ouvidos a você".

Por causa de meu próprio sofrimento, tornei-me mais sensível ao sofrimento dos outros. Foram minhas feridas que me levaram aos *workshops*. E, está claro, estou escrevendo este livro por causa da paciente ao lado de quem me sentei num *workshop*; ela também estava sofrendo e ambos precisávamos aprender a viver. Os médicos são pessoas que auxiliam, socorrem, confortam, cuidam e, de certa maneira, precisam cuidar de *suas* feridas, assim como das dos outros. Podemos nos ajudar mutuamente no processo de cura. Por favor, não esconda as suas feridas.

## O Médico e o Paciente

Originalmente, os cuidados médicos compreendiam três planos: a pregação, o ensino e a cura. Quando digo pregação, quero dizer que os médicos ajudavam as pessoas a descobrir sua força interior e sua espiritualidade. Ajudavam a resgatar vidas e também curavam doenças. Com o passar do tempo, os pregadores assumiram um papel, os professores outro, e os médicos tornaram-se mecânicos. Acho que precisamos juntar essas três profissões. Quando limitados demais, os profissionais acabam entrando em sérias dificuldades.

Na religião judaica, uma interpretação do tratamento de doença que não envolvia culpa aparece em Maimônides, ao citar que a base da permissão para interferir é o mandamento do Deuteronômio de devolver objetos perdidos. Ele aparece mais de uma vez na Bíblia, de acordo com o rabino David Feldman em seu livro *Health and Medicine in the Jewish Tradition*:

> Se você encontrar um livro, dinheiro ou frutas, eles pertencem a alguém. Você não pode simplesmente ficar esperando que a pessoa venha pegá-los. É preciso anunciar seu achado de forma ativa, agressiva. Você deve ir ao mercado e dizer: "Encontrei um objeto perdido, quem quer que possa identificá-lo, por favor, venha buscá-lo". Maimônides afirma que é por isso que sabemos que o médico pode e deve curar. Ele está devolvendo a saúde perdida. Se você perde a saúde, o médico, a enfermeira e a equipe hospitalar, com a qualificação necessária, são capazes de devolver-lhe o que você perdeu e, dessa forma, eles têm obrigação de fazer isso.

Quando você pensa na doença dessa maneira — *versus* Deus querendo que você fique doente, ou no câncer como castigo por algo que você fez — entende o quanto essa visão é mais saudável e que Deus se torna um recurso. Os médicos precisam saber algo a respeito de religião para poderem ajudar as pessoas a lidar com a doença no seu contexto espiritual. E isso inclui citações da Bíblia e compreensão do problema da culpa. Em inglês, *pain* (dor, sofrimento) e *punishment* (punição, castigo) têm a mesma raiz.

Num discurso preparado (mas nunca proferido) pelo falecido André E. Hellegers, ele diz:

> À medida que o carinho e os cuidados do médico foram sendo gradualmente substituídos pelas medidas terapêuticas, parece ter sobrado menos espaço para as virtudes cristãs. Acho que, em breve, a necessidade dessas antigas virtudes cristãs vai voltar e, mais uma vez, ser-lhe-á atribuído um valor enorme. Nossos pacientes precisam de mãos estendidas, não de uma faca. Não é hora de combater a tecnologia primitiva da medicina do amor. Ou recuperamos as virtudes cristãs do cuidado e do carinho, ou estaremos claman-

do aos gritos para sermos induzidos à morte, a fim de chegar a uma esfera sem sofrimento.

Eu prefiro a expressão *virtudes espirituais* a *virtudes cristãs*. Mas talvez o que Hellegers descreve já tenha acontecido. Quando *Final Exit*, um livro que ensina as pessoas a se suicidar torna-se um *bestseller*, todos ficam muito bem informados sobre como ser induzido à morte.

O dr. Deepak Chopra, médico e escritor, conta em seu livro *The Return of the Rishi: The doctor's search for the ultimate healing* que, quando era médico-residente, foi chamado um dia para ver um homem que acabara de morrer; tinha de assinar o atestado de óbito e dar a notícia à família. Tudo ia bem, de acordo com a ética médica, diz ele, mas um tanto inadequado!

... Os aparelhos estavam no quarto e a família do lado de fora. Aquilo me pareceu estranho. Na Índia, a família fica no quarto e não há aparelhos em parte alguma.

Em seguida, ele afirma que, hoje em dia, muitas pessoas acham que o sistema da medicina norte-americano precisa melhorar, talvez sofrer uma reviravolta completa. Depois de dois anos, supõe ter compreendido O Sistema — que consiste em milhares de hospitais e centenas de milhares de médicos. Mas

... se você chegar à sua unidade básica, o sistema médico se reduz a apenas um médico e um paciente, apenas duas pessoas. E elas precisam ter uma interação pessoal, com o médico desempenhando um papel e o paciente, o outro. Quando a interação é boa, você tem a prática da medicina. Quando não é, você tem problemas.

O dr. Chopra discute sua reação a um paciente: "Somos ligados por emoções que se encontram num plano além da personalidade. Somos ligados pelo amor. Um paciente ocupa uma posição tão privilegiada em minha vida que nada mais precisa ser dito."

Sentimentos profundos são despertados, diz o dr. Chopra, só quando o médico está inteiramente disposto a aceitar sua responsabilidade. Se houver qualquer medo da doença, qualquer rejeição do paciente, qualquer apego à autoridade, a medicina convencional não pode tornar-se o que devia ser — uma arte; continua sendo um negócio comum:

Acredito cada vez mais que a transcendência pode ser alcançada porque já cheguei a sentir, quando frente a frente com os pacientes, que sou eles. Perco a noção de sermos distintos. Não somos. Consigo sentir sua dor enquanto a descrevem. Consigo entendêlos sem culpa e quero que sarem porque estarei sarando também.

Carl Jung está convencido de que o médico deve conhecer a história do paciente. Em *Memórias, sonhos e reflexões*, ele diz:

> Os diagnósticos clínicos são importantes, pois dão ao médico uma certa direção; mas não ajudam o paciente. O ponto decisivo é a história. Pois somente ela mostra a experiência e o sofrimento humanos, e só nesse ponto é que a terapia do médico começa a fazer efeito.

A história é a metáfora do paciente. A metáfora pode ajudar o médico a enxergar o indivíduo por dentro; pode ajudá-lo a penetrar delicadamente até atingir o que é, de fato, significativo para o doente. Ao tomar esse caminho, você entra no espaço sagrado do indivíduo que está procurando ajudar. Não está apenas lá, do lado de fora, prescrevendo-lhe receitas; como um aliado de guerra, você entra no calor da batalha e na sacralidade daquela vida em particular.

## Aprendendo Com os Pacientes

Há alguns anos, comecei a entender que nossa maior riqueza são as pessoas de quem cuidamos. Quando comecei a fazer residência, muitas enfermeiras e pacientes aconselharam-me para que eu fosse um bom médico. Pensei que eles fizessem isso com todos, mas depois percebi que não. Agora, pergunto aos jovens médicos: "Alguma vez uma enfermeira ou um paciente já lhe disse o que fazer para ser um médico melhor?" Quando eles respondem que sim, já são médicos melhores, porque são abertos e vulneráveis, e os pacientes não têm medo de falar com eles, de questioná-los, nem mesmo de serem críticos.

Por favor, doutores, abram-se para seus pacientes. Estejam presentes quando um paciente morrer. Encontrem-se com as famílias. Deixem que elas lhes dêem apoio. Façam discursos nos funerais. Fiz tudo isso, pois as pessoas me pediram para participar de suas vidas, para contar histórias de vida. Isso me levou a enfrentar minha própria mortalidade, minha própria morte e, por isso, consegui coragem para estar presente e compartilhar minha vulnerabilidade. Enfrente sua mortalidade, sua humanidade, e suas ações o ajudarão a tornar-se um verdadeiro terapeuta.

Uma mulher que está presa pelo sistema de justiça criminal escreveu-me para dizer que, quando chegou à prisão, recebeu o diagnóstico de HIV-positivo. Ela leu meus livros, ouviu fitas de meditação e achou que essas coisas a ajudaram. Alguns meses depois, resolveu fazer um novo exame. A médica chamou-a em seu consultório, dizendo-lhe que seu exame não apresentara um resultado garantido e ela queria que fizesse outro.

Eu não sabia que o resultado do teste fora negativo e que ela não conseguia acreditar. Por isso, colheu mais sangue e enviou-o para o laboratório. Uma semana depois, ela me chamou de novo para dizer que eu era HIV-negativo e que o exame anterior também dera resultado negativo. Ela e eu choramos muito. Ela disse que ou o primeiro exame era um falso positivo, ou que um milagre acontecera em minha vida. Prefiro acreditar na segunda alternativa.

O que gostaria de destacar nessa carta é a reação comovente da médica, do chorar junto com ela, embora depois tenha voltado a ser a médica-padrão. "Ou se tratava de um falso positivo, ou de um milagre". Por que não poderia dizer: "Talvez você tenha tido um falso positivo, talvez tenha acontecido um milagre, mas você também pode ter feito algo que eu gostaria de saber. Você não quer me contar o que foi?". A mulher teria falado a respeito de suas mudanças no modo de vida e teria ensinado à médica algo que poderia ser transmitido a outras pessoas. Nós, médicos, continuamos dizendo coisas do gênero: "Você tem sorte", ou "Você teve uma remissão espontânea". Que tal aprender com essas pessoas que excederam nossas expectativas?

Esse tipo de caso tem sido documentado. O Institute of Noetic Sciences está publicando uma compilação de mais de quatro mil casos, desde remissões espontâneas a curas de natureza espiritual, para que essas possibilidades se tornem do conhecimento dos médicos e do público. Observe a evolução futura e o potencial do corpo, da forma descrita por Michael Murphy em seu livro *The Future of the Body*. Ele faz um apanhado de alguns fenômenos extraordinários que os seres humanos são capazes de realizar e que foram documentados.

Já trabalhei com um número suficiente de pessoas para saber que existe uma percepção mental sobre o que está acontecendo no corpo. Conheço pessoas que sabem como está o número de glóbulos brancos e vermelhos em seu sangue, e até conseguem controlá-lo. Quando o oncologista informou a certo paciente que o seu número de glóbulos brancos estava alto demais e seria necessária mais quimioterapia, ele respondeu: "Não. Tenho o controle do número de glóbulos brancos de meu sangue. Se você quer um número menor, terei o maior prazer em reduzi-lo". Paciente e médico saíram do consultório, foram para casa e trabalharam. Depois, voltaram com uma taxa de glóbulos brancos de deixar qualquer oncologista feliz. Precisamos estar abertos para essa percepção e utilizá-la. Os médicos são, talvez, as pessoas mais difíceis de se convencer, pois isso não faz parte de sua experiência, nem de sua formação.

## Aprendendo Com a Própria Experiência

Também podemos ser nossos próprios mestres. Não estamos fadados a aprender apenas com os outros. Às vezes conseguimos pegar nossa própria tocha e, quando iluminamos nosso caminho, podemos iluminar também o caminho dos outros, tanto de médicos quanto de pacientes.

Gostaria de falar a respeito do sofrimento de uma médica consciensiosa que me escreveu para desabafar. "Enganei-me num diagnóstico e parece que o paciente vai morrer. Fiquei resfriada e precisei de tempo para lidar com meus sentimentos."

Ela clinica há muitos anos e não detectou um carcinoma do cólon, embora seu trabalho de pesquisa tenha sido bom e todos os exames tenham sido realizados. Assim, os sintomas foram atribuídos a um intestino delicado, até que exames posteriores mostraram câncer metastático no fígado. Ela continua sua carta:

> Estou com um pouco de medo de voltar a trabalhar, e terá que ser amanhã, para não correr o risco de prejudicar mais uma pessoa pelo erro de omissão. Estou mais consciente do que nunca da enorme responsabilidade de ser médica e, de repente, não sei mais se é isso que quero. No entanto, quando as coisas estão indo bem, adoro meu trabalho e sinto que fui abençoada com a capacidade de ajudar os outros. Minhas perguntas são: como convi-

ver com erros que custam a vida de outras pessoas? Como você lida pessoalmente com a responsabilidade de ser médico? Como perdoar-me e continuar?

Creio que, num certo sentido, todo este livro é uma resposta a ela; mas creio também que é preciso aceitar a própria humanidade e falibilidade, não como prova de derrota, mas apenas como prova de sermos criaturas humanas. É evidente que todo médico deve dominar seu instrumental, conhecer seu ramo e seu material de trabalho. Somos humanos e também precisamos nos perdoar quando não formos perfeitos. Mas, acima de tudo, gostaria de dizer que o trabalho de recuperação precisa continuar entre paciente e médico. Perdoamos uns aos outros quando admitimos nossa humanidade, mas não nos perdoamos quando procuramos fazer o papel de Deus e achamos que devemos ser infalíveis.

Se essa médica tivesse procurado o paciente e falado com ele o que falou comigo, grande parte de seu trabalho de recuperação teria sido feito. E se essa carta, descrevendo seus sentimentos, tivesse sido escrita para o paciente? Ouso afirmar que ela receberia a seguinte resposta do paciente: "Por favor, doutora, sei que você se importou e cuidou de mim e que não foi culpa sua. Continue ajudando os outros e não deixe de ser médica. Se não tivesse se importado comigo, não a teria escolhido para ser minha médica". Mas, quando estamos com medo, quando nos retraímos e agimos de forma mecânica, quando paramos de sentir e só pensamos, é nesse momento que morremos por dentro, é nesse momento que acontecem processos judiciais e conflitos. Precisamos ouvir uns aos outros e compartilhar a dor; nesse caso, a recuperação pode acontecer.

Outro médico perguntou-me: "Como você lida com o luto enquanto profissional, como continua competente e útil a seus pacientes e suas famílias sem ficar arrasado? Como sobrevive ao fato de ser médico, com todo o sofrimento, responsabilidade e culpa?"

A resposta é: "Com dificuldade". Enquanto médico, você sonha com as operações que vai fazer porque está preocupado em fazê-las direito. Você sofre quando gente bonita morre. Você fica arrasado na sala de cirurgia quando não consegue curar o câncer, quando não consegue removê-lo. Com tudo isso, você começa a despertar para o fato de ter algo mais a oferecer às pessoas — pode ficar ao lado delas e segurá-las pelas mãos.

Pode ajudá-las a viver durante o tempo de que dispõem.

Dar apoio, amor e carinho, em vez de abandonar a pessoa — é isso que faz você sobreviver como médico. Em troca, você recebe um presente maravilhoso, o amor de muitas pessoas incrivelmente corajosas que o ensinam a parar de ter medo e a parar de ficar com raiva e de ter rancores, e saber simplesmente que as dificuldades são inerentes à vida.

Robert E. Murphy, um terceiranista de Medicina, escreveu um ensaio intitulado "Primeiro dia" para o *Journal of the American Medical Association* a respeito de sua primeira experiência na unidade de terapia intensiva para pacientes cardíacos. Foi horrível. O residente diz: "Pare agora — as coisas só vão piorar". Disse ter se sentido cada vez mais estúpido à medida que o dia avançava. Não conseguia responder às perguntas, pois elas não eram de múltipla escolha. As enfermeiras perseguiam-no o tempo todo com mais perguntas. Não teve tempo de almoçar. E, por fim, "mandaram-me espetar o sr. Hunt para verificar se ele tinha enzimas cardíacas. Eu só havia tirado sangue de três colegas de classe (e não consegui pegar a veia de um deles). Sempre que conto essa história, paro nesse ponto e pergunto: "O que há de estranho aqui?". Observem que ele "espeta" o sr. Hunt, mas "tira sangue" de seus colegas de classe. Já está despersonalizando o paciente. Murphy continua: "Descobri uma bela veia em seu braço esquerdo e estava prestes a pegá-la quando ele disse: 'Sabe, acho que você não deve pegar essa aí.' Até os pacientes sabiam mais do que eu".

Mas, por causa de suas dificuldades em tirar sangue, depois de tentar três vezes e não conseguir pegar nenhuma veia, ele e o sr. Hunt tiveram a oportunidade de conversar e ele explicou a seu paciente todas as razões pelas quais estava no hospital e a natureza dos testes que estavam realizando. E, no fim, em virtude da dificuldade que estava enfrentando, disse que ia chamar um médico-residente. O sr. Hunt objetivou: "Nada disso, tente de novo. Sei que você vai conseguir". E ele conseguiu. Quando estava para sair do quarto, o sr. Hunt comentou: "Você é um daqueles estudantes de Medicina, não é? Ele concordou com um gesto de cabeça e confessou que o sr. Hunt era seu primeiro paciente. O sr. Hunt declarou: "Ninguém sentou-se a meu lado, nem me disse uma palavra durante dois dias. Sei que você é inteligente pra danar e um cara incrível. Você vai ser um bom médico, pode escrever o que estou lhe dizendo". Murphy conclui a história afirmando: "Foi um primeiro dia muito, muito bom".

Conheço médicos que conversam de fato com seus pacientes e sofrem cortes salariais, como penalidade por dispenderem tanto tempo com os doentes. Defenda seus direitos de paciente. Ajude a modificar o sistema.

Em meu exercício profissional, percebi que também poderia dizer aos pacientes: "Estou tendo um dia horrível". E esses pacientes incluem os que estão na UTI em pulmões artificiais. Lembro-me com grande emoção de ter ido ver uma jovem, de vinte e poucos anos — ela era enfermeira —, com um câncer extenso que lhe atingira os pulmões. A única forma de conseguir respirar era por meio do pulmão artificial. Fui lá porque a família queria que eu a ajudasse. Eu não sabia o que poderia fazer por ela. Mas, quando entrei no quarto e ela me viu, sentou-se, abriu os braços e abraçou-me. Foi muito carinhosa e deu-me grande força. A partir de então, nunca mais tive medo de visitar pessoa alguma, pois sei que podemos nos dar uns aos outros, podemos chorar e sofrer juntos.

Virginia Schafer, uma enfermeira que passa doze horas por dia trabalhando na sala de emergência do hospital e na UTI, escreveu-me a respeito de algo que eu mencionara num *workshop*. Uma mãe havia conversado comigo a respeito de seu filho que havia morrido depois de um acidente de carro. Enquanto não parasse de fazer perguntas à equipe médica, não lhe informariam que seu filho estava morrendo, não lhe permitiriam estar ao lado dele; e, quando foi ver o neurocirurgião para lhe dizer o que achava do tratamento, ele lhe cobrou US$ 50 pela consulta. Virginia Schafer relata em sua carta que é extremamente difícil lidar com pai ou mãe emotivos numa situação de grande carga emocional:

> Não somos animais insensíveis, nem cruéis por manter a mãe longe do filho. Somos apenas seres humanos tentando salvar a vida do filho, vivendo nossos próprios traumas emocionais, ao mesmo tempo em que tomamos nossas precauções legais. Muitas vezes já fui alvo de raiva e indignação porque não havia mais ninguém em quem as pessoas pudessem descarregar suas emoções. Também tive o privilégio de ser capaz de partilhar muito sofrimento com mães, esposas e filhos.

Ela estava aborrecida comigo por não ter apresentado os dois lados da questão, por assim dizer. Mas o fato que gostaria de enfatizar é que assim como ela está sentindo a dor, provavelmente mais que a maioria dos médicos e enfermeiras (caso contrário, não teria reagido dessa maneira à história), o que precisamos fazer é informar o outro a respeito de nossas necessidades. Ouvir e comunicar-se são coisas curativas. Não podemos resolver os problemas dos demais. Mas podemos cuidar uns dos outros, e acho que se o cuidado fosse estendido para aquela mãe, ou se ela soubesse o que essa enfermeira comentou na carta que me escreveu — que é doloroso para nós também, que estamos tentando salvar a vida de seu filho — talvez aquela mãe tivesse tido outras reações.

Na peça de Arthur Miller, *A morte do caixeiro viajante*, Linda, a mulher de Willie Loman, diz o seguinte a respeito dele:

> Não digo que seja um grande homem... Mas é um ser humano e algo terrível está lhe acontecendo. Portanto, é necessário prestar atenção. Não se deve permitir que vá para o túmulo como um cachorro velho. Atenção, atenção, finalmente é necessário prestar atenção a uma pessoa dessas.

Será que nós, médicos-assistentes, prestamos atenção, ouvimos ou satisfazemos as necessidades dos outros? Quando podemos ajudar seres humanos a enfrentar sua mortalidade e terminar a vida num momento de glória, em vez de irem para o túmulo como cachorros velhos, fazemos algo real, realizamos uma façanha. Li esse trecho num encontro de veterinários. Nem os cachorros velhos morrem sem receber atenção para si próprios e para seus donos pesarosos.

Quando mudamos de opinião a respeito de nosso papel enquanto profissionais de saúde, em todos os planos, não nos tornamos vítimas de nossa profissão; podemos nos transformar em verdadeiros terapeutas em lugar de nos destruirmos.

## Doar-se, Não Destruir-se

Uma das chaves para você se "doar" em vez de se destruir é dar mais de si no trabalho. Não procure adaptar-se a uma idéia interior do papel de "médico". É uma coisa exaustiva. Seja você mesmo. O que significa cuidar de si próprio, assim como dos pacientes — faça o que você diz e descubra um ponto de apoio para si.

Um médico escreveu-me a carta mais eloqüente que já recebi sobre as pressões e desafios que estava enfrentando:

> Como um médico harmoniza as exigências de um exercício clínico de tempo integral com a necessidade de amor e cuidado consigo mesmo? Já reduzi minhas horas de trabalho e ainda atendo de quarenta a sessenta horas por semana. Estou tendo dificuldade de satisfazer as necessidades de meu casamento, de minha família, dos meus pacientes e as minhas. O que faço para não me consumir?

Você e eu podemos evitar que nos destruam por estarmos vivendo nossas vidas. Você está onde eu gostaria de estar. Você tem opções. Você não é uma vítima. Ouça aquela voz interior que ajuda a orientá-lo.

Uma noite, há alguns anos, acordei às duas da madrugada com um telefonema da sala de emergência do hospital e ouvi uma voz — que não era a de minha mulher — dizer: "Não quero ir à sala de emergência". E outra voz respondeu: "Mas você está na equipe do dr. Siegel, você tem de ir". E os dois ficaram discutindo, enquanto eu pensava que tinha sofrido um esgotamento ou estivesse ficando esquizofrênico. As duas vozes concordavam num ponto: como estavam na equipe do dr. Siegel, tinham de ir para o hospital, mas o dr. Siegel tinha de compreender que, se não gostava de ser acordado às duas da manhã e ir para a sala de emergência, tinha de deixar de ser o dr. Siegel. De repente, percebi que essa era a minha opção, eu não era uma vítima. Não havia motivos para estar com raiva das pessoas da sala de emergência — nem da equipe hospitalar, nem dos pacientes. Essa experiência liberou-me para que eu me tornasse eu mesmo e compreendesse que estava no comando, que podia parar se não gostasse do que estava acontecendo.

Pense na razão que o levou a ser médico. Às vezes, as pessoas sentem-se presas numa armadilha. Mas você pode chegar à conclusão de que não é obrigado a ser médico. Quando você se concede a liberdade de optar por outra coisa, volta a assumir as rédeas de sua vida.

Depois de perceber que não está preso em armadilha alguma, você pára de enfurecer-se contra aqueles que imagina estarem obrigando você a ir para a sala de emergência, e ficar longe de sua família. Você não pode ser médico, pai, mãe, marido ou mulher, amigo e assim por diante. Estes são apenas papéis. Tente imaginar quem você é e viva sua vida. O que, evidentemente, pode ser compartilhado com sua família.

Sei que escolhi ser cirurgião porque essa profissão me oferecia condições de realizar uma porção de coisas pelas quais me interessava. Ajudar pessoas, curiosidade pela ciência, gostar de consertar coisas, gostar de trabalhar com as mãos — todas essas atividades poderiam combinar-se.

Mas, se gosto de ajudar as pessoas, tenho de reconhecer que ser médico não é o único caminho aberto para mim. Posso cuidar das pessoas e ajudá-las de muitas formas e ainda satisfazer outros aspectos de minha personalidade. Poderia trabalhar como ascensorista ou servir sanduíches numa lanchonete, da qual meu filho obteve a franquia. Pense no assunto: posso preparar sanduíches, cortá-los, servi-los, usando luvas exatamente como na sala de cirurgia e sentir-me recompensado por ter ajudado as pessoas e ter feito uma série de coisas que me agradam fazer como cirurgião. Existem trabalhos menos mórbidos que eu poderia executar e seriam uma fonte de alegria para mim por estar me relacionando com as pessoas.

Sei que professores de auto-escolas, cabeleireiros, condutores de trens do metrô e outros que têm um público supostamente cativo, podem mudar as pessoas por demonstrar-lhes amor. Um motorista de ônibus acertou na mosca, distribuindo bolinhos e biscoitos nas manhãs de domingo. Diz ele: "Tenho de fazer alguma coisa. Nunca vi tanta gente miserável num lugar". Soube que um zelador de escola foi chamado para fazer o discurso de formatura do colegial, porque os alunos do último ano sabiam que ele tinha senso de humor e gostava deles.

Uma médica, Camille Schiano, foi cumprimentada pelas enfermeiras por sua maneira de lidar com as pessoas. Mas ela diz:

> Receio ter-me transformado numa vela tremeluzente. Os pacientes apresentam-se como consumidores instruídos e me informam sobre sua história pregressa e suas ações judiciais. Pacientes encantadores me solicitam o tempo todo. Um número maior de meus colegas lê mais *The Wall Street Journal* do que qualquer outro tipo de literatura. Eu estava me sentindo angustiada, cansada, frustrada e amedrontada; por isso, resolvi mudar de carreira. Considerei a possibilidade de ocupar um cargo na área de educação pastoral em uma paróquia, mas ninguém me contratou. Depois, tentei um emprego por meio do departamento de enfermagem. Havia vários deles, nos quais eu poderia usar meus talentos. Bem, fui recusada, pois somente enfermeiras podem ser contratadas para esses empregos. Continuo procurando.

Você não precisa tornar-se membro do clero nem enfermeira para cuidar das pessoas (ou, como eu mesmo pensei, um veterinário, para poder abraçar meus pacientes). A forma de a dra. Schiano encarar o papel do médico é que pode ser alterada. Como disse Bobbie há alguns anos, eu poderia ser um "sacerdogião" e praticar a "sacerdogia" — uma combinação de cirurgia e sacerdócio — e essa médica precisa entender que pode combinar todas as coisas pelas quais se interessa e ser o tipo de médica que deseja.

Depois de definir qual é realmente seu papel, você pode encontrar a felicidade. Mas, quando seu papel é curar as pessoas e não deixá-las morrer, aí você se sente um fracassado.

134

Pense na razão que o leva a fazer o que faz. Você ainda gosta de ser médico? Se não, considere de que forma poderia mudar. Mas se sua idéia é: "Quero acumular muito dinheiro para ter liberdade", ótimo. Aí você tem um objetivo e está trabalhando para atingi-lo. Mas pode começar a perceber que não precisa de tanto dinheiro quanto supunha para sobreviver. Podemos diminuir nossas necessidades materiais; podemos descobrir que, na verdade, não precisamos de muito. E, então, você pode incluir em sua vida um pouco de meditação, jardinagem, férias, trabalho voluntário e outras coisas que podem dar-lhe alegria e revigorá-lo. De que adianta trabalhar para ganhar dinheiro e depois não ter tempo para viver?

Se você não faz o que gosta, o vazio que resulta disso vai acabar com você um dia desses. Pare. Você vai sobreviver. Vai conseguir fazer o que gosta. Acredite em mim.

A vida vai recarregar suas baterias e restaurar suas células.

E se você *realmente* optar por continuar médico, as dificuldes se transformarão em opção sua: preencher formulários, enfrentar o governo, a sala de cirurgia, as enfermeiras e os pacientes.

Não procure ser um rótulo no qual está escrito: "médico". Seja você mesmo. Doe-se a seus pacientes. Acho que isso se aplica a qualquer profissão: veja as pessoas, relacione-se com elas. Então o trabalho transforma-se em alegria.

## Inteligência Nativa

Você sabe o que quero dizer com a palavra *nativo*; todos somos nativos, num sentido ou noutro. Quando um médico usa aquela inteligência nativa básica, a recuperação pode ocorrer num outro nível.

Há uma história no *Journal of the American Medical Association* de 8 de janeiro de 1992 com o título: "Uma médica em sua casa", escrita por Bernadine Z. Paulshock, M.D., sobre outra médica. Uma médica vai visitar e tratar de uma mãe doente, cujos filhos estão com catapora. Ela dá conselhos à mãe e vai embora. Depois o pediatra vem ver as crianças. No dia seguinte, quando a primeira médica chega, a mãe exclama:

O dr. M. fez algo realmente maravilhoso por nós. Depois de sair daqui, foi ao supermercado e trouxe leite, suco, frango assado e bananas. Fiquei espantada! Ele sequer me deixou pagar. Ele realmente é um médico fantástico.

É assim que curamos — com esses pequenos atos de um ser humano por outro.

Uma mulher contou-me a experiência que teve com seu oncologista, descrevendo de que maneira um ato simples converteu-se num enorme poder. "Certa vez, ele amarrou meus sapatos depois do tratamento. De repente, senti-me um ser humano".

Quando os médicos se envolvem com a vida de seus pacientes, podem curá-los das formas mais inesperadas. Um médico contou-me a respeito de uma mulher e do seu filho que foram consultá-lo. Ele prescrevera um antibiótico e depois perguntou: "O que está acontecendo em sua vida?". Ficou sabendo que o marido a abandonara. Depois de ouvi-la durante algum tempo, percebeu que ela precisava falar com o pessoal do Legal Aid (Apoio Legal). Conversaram mais um pouco, e ele lhe deu o número do telefone daquela instituição. Por fim, ela esqueceu-se de pegar as receitas. Quando voltou, uma semana depois, estava radiante e sadia, assim como o filho. A visita à Legal Aid havia resolvido seu problema. Os antibióticos acabaram sendo desnecessários. Alguém importou-se com ela, despertou-lhe a esperança e ela pôde ir em frente.

## A Dádiva da Esperança

A esperança é um excelente recurso de que o médico dispõe. Mesmo quando a situação parece irremediável, proporcionar esperança à família nunca é um erro. Não estou falando de mentir, estou falando de dar esperança.

Conheço muitas pessoas a quem não deram esperanças, e que estão vivas e passando bem hoje porque tiveram força para continuar lutando. Um homem, que recebera o diagnóstico de Aids havia cinco anos, escreveu-me para dar-me boas notícias. Procurou seus médicos para pedir que o submetessem a um exame antígeno de Aids. No começo, os médicos relutaram, mas ele estava seguro quanto ao resultado e insistiu para que fizessem sua vontade:

... Finalmente, consegui que eles o fizessem e o último exame voltou com um Negativo, nenhuma evidência de atividade viral. Foi uma confirmação maravilhosa para mim do que você, Louise Hay [escritora e dirigente de *workshops*] e outros falam o tempo todo. O poder da fé e a convicção de saber o que é bom para você independentemente do que lhe é dito por todos, pode realmente realizar milagres em termos de cura. Obrigado por sua mensagem de esperança.

Certa vez, um médico comentou a meu respeito: "Ele está dizendo às pessoas o que elas querem ouvir". Também fui criticado por dar "falsas esperanças". Mas falsa esperança é algo que não existe. A falsa esperança presta-se a um recital de estatísticas, e as pessoas não são estatísticas. Mas existe uma falsa "falta de esperança". Não acho que o indivíduo que tinha Aids, mesmo que não tivesse sarado, escreveria me recriminando "Ei, você me deixou furioso ao dizer o que eu queria ouvir". Seria um absurdo. Não estou pregando mentiras, estou pregando verdades.

Não estou negando a gravidade de muitas, muitas doenças. Estou certo de que morrerei um dia qualquer, a despeito de estar escrevendo estes livros. Estou falando do potencial humano e do que pode acontecer, e posso afirmar isso às pessoas honesta e francamente. Não significa dizer-lhes o que querem ouvir; significa dizer-lhes que elas têm uma chance de lutar por sua vida, que não estão condenadas à morte. Algumas pessoas querem ouvir isso. Outras não se dispõem a enfrentar a luta. Mas, quanto às que querem lutar pela vida, sim, é isso o que querem ouvir — que existe uma chance. Existe para todos. Os médicos sabem disso. Mas, como estão presos a uma visão de mundo mecânica e estatística, param de enxergar as pessoas. Eu vejo as pessoas porque converso com elas, leio as cartas que me mandam, sou apresentado a elas, sei que são fabulosas e do que são capazes.

A esperança não é estatística, e os indivíduos podem curar-se. Sempre existe o primeiro doente a curar-se de uma doença.

Recebo muitos telefonemas de pessoas e de famílias, cuja doença não posso curar, e a quem não posso ajudar num sentido físico. Mas ouço-as e, depois que as ouço, elas se sentem mais fortes porque entendem melhor sua situação e as alternativas de que dispõem.

Quando você, o profissional, estiver se relacionando com famílias de pacientes gravemente enfermos ou incapacitados, doe-se a essas pessoas. Dê-lhes apoio. Cuide delas, importe-se com elas. Telefone. Visite. É um grande privilégio entrar numa casa, ver o quanto as pessoas são corajosas, deixar que cuidem de você e confiram sentido à sua vida. Uma visita ou um telefonema podem ser por sua causa, mais ainda do que por causa da família.

Não se sinta um derrotado se não conseguir restaurar uma função fisiológica ou por não curar todas as doenças. As pessoas precisam de apoio. Elas ficarão profundamente agradecidas pela esperança, pelo amor, pelo bom astral.

Ninguém se encoleriza quando lhe são dadas esperanças. Nunca recebi uma carta dizendo: "Você me fez rir e me deu esperança, mas vou morrer mesmo assim e estou louco da vida com você". Sou abordado em corredores, aeroportos, em todos os lugares, por pessoas que dizem: "Obrigado". Às vezes ouço: "Meu ente querido morreu. Mas quero agradecer-lhe pelo que você introduziu em nossa vida". O dr. Richard Selzer, o primeiro cirurgião a trabalhar comigo, escreve sobre a natureza do hospital em seu livro *Down from Troy: A doctor comes of age*:

O hospital difere daquelas construções antigas dentro das quais ficavam os vivos, porque o espírito do lugar entrava nele *depois* de ter sido edificado e posto em uso. Esse espírito nasce do sofrimento e da morte dos que o ocupam. Ano após ano, o edifício é recriado sob a forma de um espírito, quando o sofrimento dos doentes é liberado entre suas paredes.

Mas você poderia perguntar: o que tudo isso tem a ver com a arquitetura de um hospital? Todas essas fontes e sininhos de vento, a sacralidade dos tijolos, a vitalidade da madeira, os espíritos da casa — essas são as fantasias de um simples escriba, que não sabe decifrar uma planta de engenharia. E eu, por minha vez, pergunto: onde está o arquiteto que, sem sacrificar a funcionalidade e a praticidade, pensa no hospital como numa mulher grávida que sofre a ocupação de um ser humano que entra, mora nela durante algum tempo e depois vai embora? Onde está o arquiteto que, a partir do exato momento em que começa seu esboço, vai ter idéia de que alguém vai morrer em todos os quartos de seu hospital concluído? Quem, enquanto está sentado na prancheta, vai parar para sentir nos braços nus o arrepio do vento de sua mortalidade? Um dia, ele também vai entrar nesse edifício, não mais como arquiteto, mas como um suplicante na mais extrema necessidade. Se eu estiver errado e se essas emoções humanas não podem ser expressas pela arquitetura, então está na hora de entregar o hospital a escritores, que o construirão com palavras e sonhos.

Como deve ser o hospital do futuro? A palavra *hospital* deriva de *hospitalidade*. E, tanto em benefício dos pacientes quanto da equipe médica, deve tornar-se um lugar mais hospitaleiro. Gostaria de ver nos hospitais reuniões abertas a enfermeiras, médicos, auxiliares de enfermagem e serventes, para que pudessem comunicar-se uns com os outros e expressar seus sentimentos, em vez de extravasá-los nos pacientes. Um hospital deve ter uma sala de meditação, uma sala de exercícios e uma sala de convivência cheia de fitas e livros informativos — uma "sala de visitas" é o nome que eu lhe daria — que a equipe hospitalar e os pacientes pudessem freqüentar e ter paz e sossego, bem como informações sobre a cura de suas doenças.

Em meu curso de Medicina, ensinaram-me muita coisa sobre doenças e sobre a matéria, mas muito pouco sobre o espírito. Lembro-me de ter sido convidado a rezar apenas uma vez durante todo o curso e foi justamente antes de uma operação, para separar gêmeos "siameses". A oração foi feita pelo dr. William Kiesewetter, do Children's Hospital de Pittsburgh. Ele era ministro e cirurgião. Sei quão pouco, num certo sentido, a espiritualidade se coaduma com a maioria dos hospitais e com a formação médica (uso especificamente a palavra *espiritualidade* em vez de *religião* porque acho que, às vezes, religião pode gerar culpa e transformar-se num obstáculo, em lugar de ser um recurso).

Uma capela de bom tamanho seria o ideal, não uma capela escondida pela porta do fundo, que ninguém conseguisse achar. Eu tornaria a espiritualidade uma parte da instituição e teria uma equipe de pessoas com bom preparo espiritual à disposição dos pacientes.

Quando o Yale New Haven Hospital foi reformado há vários anos, a capela que ficava perto da porta de entrada foi transformada numa sala com metade do tamanho e colocada ao lado da porta dos fundos, onde passava despercebida pela maioria das pessoas. E, durante todos os anos em que me sentei ali, meditei e rezei, nunca encontrei outro médico naquela sala, embora tenha visto outros membros da equipe hospitalar. Rezar com essas pessoas e estar ali presente com elas naquele lugar é algo que ajuda imensamente. É algo que unifica o hospital e, de fato, se você reza com um técnico em raios X, é difícil ficar com raiva dele se você tiver de esperar uns minutinhos a mais por uma chapa ou quando a máquina está com defeito. Você simplesmente vê a vida e o nosso ser de um outro ângulo nesses momentos de comunhão. Acho que a maioria dos médicos, por falta desse tipo de formação, não dispõe desse recurso extra (no momento em que escrevo, o Yale New Haven Hospital está construindo um hospital infantil e aumentando a capela, além de introduzir muitas coisas que tinham sido eliminadas anos atrás. Acho que o hospital também está tomando consciência das necessidades dos pacientes).

Já foram realizados estudos sobre as reações de pacientes tocados ou atendidos por curandeiros, em contraposição a outros que não foram submetidos a essa técnica. Pensei que seria uma boa idéia fazer uma pesquisa sobre a evolução das condições clínicas de doentes cujos nomes tivessem sido enviados a grupos de oração por seus familiares. Apresentei essa idéia a alguns médicos que conheço, sugerindo que fizessem um estudo controlado, em que metade dos pacientes teria gente rezando por eles, e a outra metade, não. Os médicos não saberiam para que pacientes eram feitas as orações e, no final do estudo, verificaríamos quem foi para casa mais cedo, quem precisou de menos analgésicos, as feridas de quem cicatrizaram mais depressa. Mas a reação geral dos médicos foi "não". E acho que foi "não" porque sentem-se pouco à vontade com a idéia e, se ela for comprovadamente válida, abalaria sua visão de mundo. Não sei. Mas temos de estar dispostos para abalar nossa visão de mundo. Se queremos mudá-lo, temos de considerar seus mistérios — como qualquer outro grupo de cientistas que não têm medo de considerar as coisas que não sabem explicar.

Anatole Broyard, que escreveu durante muitos anos para o *New York Times*, produziu alguns textos especialmente significativos quando teve câncer na próstata. A respeito do hospital, ele disse o seguinte:

> Para ajudar o médico a comunicar-se com o paciente, e para ajudar o paciente a comunicar-se com o médico, o estado de espírito do hospital teria de ser modificado. Deveria ter menos de laboratório e mais de teatro, o que seria extremamente adequado, pois em nenhum lugar se vive mais dramas. A atmosfera de laboratório pode remontar à idéia de assepsia, à tentativa de evitar o contágio. Originalmente, o paciente era protegido pela esterilização do hospital. Só que a esterilização foi longe demais: esterilizou o raciocínio do médico. Esterilizou toda a experiência do paciente no hospital. Esterilizou a própria idéia de doença a ponto de até nossos pensamentos precisarem ser purificados. Mas o doente precisa contagiar-se com a vida.

Com esse espírito, eu introduziria artes e música no hospital para ajudar as pessoas a enfrentarem o medo, a dor e o sofrimento. E, aqui, pessoas incluem crianças, assim como adultos. Se as pessoas quiserem participar, ótimo. Se não, não seriam obrigadas. Mas ao menos essas coisas estariam ali, à disposição.

Pense em todo o tempo gasto nas salas de espera. Não seria maravilhoso fazer uma massagem ou visualização dirigida enquanto espera pelo tratamento? Você poderia usar fones de ouvido e um gravador para que, enquanto estivesse esperando, pudesse lidar com sua ansidedade e concentrar-se no que pode ajudá-lo. Num boletim informativo recente sobre as artes curativas, publicado por The Institute for the Advancement of Health, há um artigo intitulado "A medicina da arte", de Barbara Graham. Ela descreve parte do que está acontecendo em centros médicos. Por exemplo: no Sloan Kettering Cancer Center, na cidade de Nova York, estão usando música para diminuir a dor. Veteranos do Vietnã de Louisville, Kentucky, estão participando de um projeto-piloto com escultura, desenho e música como formas de tratamento de seus problemas de estresse. O dr. Joel Elkes, diretor de Artes do Programa de Medicina da Faculdade de Medicina da Universidade de Louisville afirma que, de alguma forma, a arte ativa o sistema de cura e que, no futuro, os médicos talvez venham a receitá-la como terapia. O dr. Elkes e a escola de Louisville estão ajudando a mudar a formação médica ao encorajar o desenvolvimento de alunos sensíveis e amorosos que acabarão sendo médicos sensíveis e amorosos.

Em outras instituições, a música tem sido usada e está realmente à disposição dos pacientes como forma de controle da dor em contraposição aos remédios tradicionais. Vários canais de televisão são usados em alguns centros para permitir a apresentação de música e imagens, e eu fico pensando no poder impressionante de um circuito fechado de televisão e em qualquer instituição. Está ali no quarto. Por que não trazer música, som e imagens para ajudar as pessoas se restabelecerem, para educá-las e, também, simplesmente compartilhar essas coisas? Seria muito melhor do que aquilo que vejo com freqüência: pessoas imobilizadas de tanto esparadrapo no corpo, em pulmões artificiais, assistindo distraidamente ao noticiário ou a alguma novela melodramática, que com certeza não inspira cura alguma e pode até levar a mais desespero e depressão. Como diz Bobbie: "Quem quer assistir a 'One life to live' enquanto está na UTI?"

A televisão poderia oferecer programas de meditação, humor, Medicina e, com isso, pouparia enorme quantidade de tempo à equipe de enfermagem. Os enfermos tomariam contato com tratamentos que poderiam fazer e com exemplos de bons resultados. Poderia haver entrevistas com outros pacientes que sofressem do mesmo mal, ou que tivessem passado pelas mesmas operações e pelas mesmas terapias.

Estamos cada vez mais conscientes de que o som pode afetar a pressão sangüínea, os batimentos cardíacos, a resposta imunológica. Vi tudo isso anos atrás, pois introduzi a música terapêutica na sala de cirurgia — em meu próprio benefício, das enfermeiras e dos pacientes.

Um estudo feito em Yale mostrou que você pode alterar eletroencefalogramas e relaxar as pessoas com cheiro de torta de maçã. Bem, continuo achando que, quando o estiverem levando para a sala de cirurgia, se você sentir cheiro de café e de torta de maçã, ouvir música suave, estiver rodeado pelas cores de que gosta e for tocado com delicadeza, você saberá que esse é um lugar de recuperação. Poderíamos individualizar os aromas, as cores e os sons para cada paciente.

Essas técnicas não precisam ser todas usadas pelo mesmo médico, mas o profissional que as conhece pode orientar seus pacientes.

Ninguém poderia dizer: "O doutor falou que eu estava com câncer e foi embora. Ninguém entrou no meu quarto para me dizer como conviver com a doença". Numa pesquisa recente, a American Cancer Society provou que, ao instituir um curso de seis semanas para ajudar as pessoas a lidarem com o câncer, os pacientes tiveram menos recaídas e um índice maior de sobrevivência. A pesquisa do dr. David Spiegel também confirma essa tese. Mas é preciso fazer mais pesquisas desse tipo.

Acho que deveríamos ter no hospital uma organização de apoio para o momento em que as pessoas ficam sabendo que têm câncer, Aids, esclerose múltipla, ou que precisam fazer uma cirurgia. Alguém poderia entrar, sentar-se e dizer: "Como vai? Como está se sentindo? Podemos ajudá-lo a lidar com a situação? Que perguntas você gostaria de fazer?" Assim, você não estaria simplesmente abandonando os doentes. As enfermeiras dizem que vêm os médicos fazer uma biópsia, descobrirem que a pessoa tem câncer, sentarem-se no vestiário durante 45 minutos para reunir forças, depois sair e comunicar bruscamente ao paciente: "Você tem câncer" e afastam-se.

O que eu acho disso? Passe os 45 minutos sentado *com* o paciente. Sofra junto com ele e expresse seus sentimentos. Os pacientes precisam ter alguém que esteja ali à sua disposição quando tomam conhecimento de situações traumáticas, não de alguém que se afasta e os deixa ali sentados na sala, perguntando-se o que fazer da vida.

Há muitos anos, disseram-me que um membro de minha família tinha uma doença muito séria, progressiva e incurável. Fiquei sabendo disso no restaurante do hospital. O médico sentou-se do outro lado da mesa e deu-me a notícia. O que se esperava que eu fizesse, ali, no meio do restaurante? Que chorasse, risse, conversasse, respondesse? Eu pensei: "Mas que coisa mais ridícula" e "Que raiva estou sentindo!". Esse médico estava se protegendo e sendo insensível às minhas necessidades e às necessidades de minha família. Tive que aprender pelo caminho mais difícil como lidar com aquilo. Hoje esse familiar está bem de saúde, e todos os pensamentos terríveis que me passaram pela cabeça naquele momento jamais se concretizaram. Mas eu me tornei um nativo muito rapidamente. Percebi também que aquele médico não estava querendo ser cruel — ele simplesmente não entendia.

Mas teria sido uma bênção se alguém tivesse entrado naquele momento, sentado ao meu lado e dito: "Olha, esse aí é um sujeito insensível que não sabe lidar com você. É um problema *dele*. Não teve boa formação na faculdade. É um turista. Bem, agora diga-me como está se sentindo. Deixe-me apresentá-lo a outros nativos com o mesmo problema. Entenda que não conhecemos o futuro, e você também não". Minha esperança poderia ter sido restaurada. Em vez disso, tive de lutar para descobrir como me expressar, como conversar com minha família. Deixe-me contar. Foi horrível, porque tentei ser forte e carregar aquela cruz pela minha família. Fiquei completamente exaurido e cansado de enganar as pessoas e dar desculpas. E, assim, aprendi que é importante compartilhar, porque todos os outros conseguiram lidar muito bem com a questão e ainda me dar força.

Vamos fazer de tudo para ter gente preparada para nos ajudar. Vamos fazer o possível para ter todo o tipo de apoio à nossa disposição — não apenas a prestação de serviços mecânicos, mas também dos "serviços humanitários" que nos ajudam em nossa integralidade de ser humano.

Os hospitais não devem tratar apenas a doença, devem ensinar as pessoas a viver, dar-lhes apoio e proteção para que, ao deixar o hospital, tenham aprendido algo sobre si mesmas e sobre como continuar a viver. Quando regressarem ao mundo, poderão dizer que a hospitalização foi uma dádiva, por tudo que lhes foi ensinado.

# 7
# Reflexões: Espiritualidade, Religião e Saúde

*... um ilustre cientista russo, especialista em química cerebral, descobriu a religião depois de adulto e... foi entrevistado a respeito de como um cientista poderia aceitar a religião de repente. Entre outras coisas, ele disse: "Lembro-me da primeira vez que tentei rezar, sondar as profundezas de meu coração e chegar a Deus. Minha mente científica perguntou-me, Seu bobo, o que está fazendo? Com quem acha que está falando?' Até hoje, tenho muito medo do que me teria acontecido se eu não tivesse superado minha hesitação intelectual naquele momento".*

*Numa história hassídica, o discípulo aproxima-se do rabino e diz: "Estou com um problema terrível. Não consigo rezar. Digo as palavras, mas não acontece nada. Não sinto nada. O que devo fazer?" O rabino lhe responde: "Reze, pedindo capacidade para rezar".*

Harold Kushner
*Who Needs God?*

# O Papel da Vida Espiritual na Cura

Fui criado na tradição judaica e cresci acreditando que Deus nos restaura e sustenta, que Deus é um recurso. Se perco a saúde, então Deus está ali para me ajudar a recuperá-la e para me dar apoio.

Sei que Deus nos deu a capacidade de cura auto-induzida, e que é uma energia amorosa, criativa e inteligente. Vejo tudo isso nas coisas mais simples. Vejo quando uma ferida se fecha por baixo do curativo. De onde vem essa capacidade fantástica? Se esse potencial de curar a si mesmo não existisse, todos nós sangraríamos até morrer, ou morreríamos de infecção com um simples corte ou arranhão.

Quando vejo o gelo flutuando num lago, percebo que a água é o único líquido que, ao congelar-se, fica menos densa. Fico me perguntando por que o gelo flutua, e o que aconteceria à vida daquele lago e à vida dos oceanos, se a água congelasse de baixo para cima. Ouço um físico discorrendo sobre a expansão do universo; ele explica que, se a velocidade da expansão tivesse uma diferença de um trilionésimo, o universo não existiria. Começo a pensar, o que ou quem está por trás de tudo isso? Quando pergunto quem, não penso numa velha ou num velho sábio sentado no Paraíso, acompanhando o desenrolar de todas as coisas, mas nessa incrível consciência e inteligência que existe na vida, na natureza, em nós. O fato de ser cientista é que me torna espiritual. Não posso aceitar que tudo isso seja mera coincidência.

Gosto de fazer uma distinção entre as palavras *religião* e *espiritualidade*. Em nossa cultura, para muita gente que conheço, a religião é uma força destrutiva. Em alguns casos, a religião parece estar mostrando às pessoas que elas merecem sofrer, que são pecadoras e que a doença é um castigo justo. Não consigo aceitar isso. Essas são leis elaboradas por seres humanos. Quando se aceita as mensagens da espiritualidade e do amor, a graça é acessível a todos.

A religião pode dar-nos apoio e, num certo sentido, carregar-nos na palma da mão, mas também pode prender-nos e apossar-se de nós. Muitas vezes, a meu ver, a religião apossa-se de nós. A espiritualidade é uma força curativa. Na espiritualidade, não há leis a respeito do amor de Deus, nem de sua capacidade de nos amparar.

## Qual É o Sentido da Vida?

Quando alguém pergunta: "Qual é o sentido da vida para você?", respondo: a vida é uma experiência e uma oportunidade.

O sentido nasce daquilo que resolvemos fazer com a oportunidade que nos foi dada.

Acho que fomos meramente criados para amar, e o que cada um de nós precisa fazer é optar por uma forma de amar o mundo. Depois, quando você se levanta, numa manhã de segunda-feira, não precisa ter seu ataque do coração, pois está escolhendo seu próprio caminho. Está encarando a manhã de segunda-feira e sua forma de contribuir para o mundo.

Para mim, o Jardim do Éden representa o lugar onde o amor *precisa* existir. Mas a vida poderia ser tediosa — imagine todos nós dizendo "Eu te amo" uns para os outros o dia inteiro. Como estamos fora do Éden, num lugar onde o amor é uma opção, ele realmente se torna significativo. Acho que estamos aqui para tentar refletir o amor que criou o universo e fazer deste planeta um lugar onde as crianças sejam amadas e onde a poluição e a autodestruição acabem, porque, amando a nós próprios, poderemos espalhar esse amor. A escritora Alice Walker disse: "Devíamos perguntar sempre: É bom para as crianças?". Espero que possamos aprender a ver o mundo, e vermos uns aos outros da mesma forma que os índios iroqueses dos Estados Unidos, que quando tomam decisões, pensam no futuro das próximas sete gerações. Essa visão também deve ser incorporada à nossa vida.

O objetivo de estarmos aqui é amar. Mas tem de ser com liberdade, não por obrigação. E ao fazermos isso, seremos recompensados. Karl Menninger disse: "O amor cura duas pessoas, a que o dá e a que o recebe". Podemos entender que são nossas diferenças o que nos torna belos, e é importante que elas existam.

A natureza pode ser nossa mestra. Aprendo mais com ela do que com qualquer outra coisa. Por isso, sugiro-lhe que quando tiver um problema, saia e converse com uma árvore, com um rio, ou observe o mar e pense: "O que a natureza faria se tivesse o meu problema?" Você sempre obterá uma resposta. A natureza sabe lidar com a adversidade, com o caos, com as dificuldades, e continuar em frente, exatamente como nós.

Certo dia, quando eu estava num bosque próximo de casa, passeando com nossa gata Miracle (ela acha que é uma cadela e passeio com ela na coleira), surpreendi-me conversando com uma árvore a respeito de um problema que estava tendo. Depois, circundei a árvore e obtive a resposta que estava procurando. Anos antes, eu havia pregado parte de uma cerca de arame naquela árvore (a cerca devia conter as cabras de meu filho Jeff e aves aquáticas). Vi então que a árvore crescera em volta da cerca. Simplesmente incorporara a cerca ao tronco. Assim, ela revelava-me o que fazer: quando algo me irritasse, eu poderia, do meu jeito, crescer em volta daquilo e assimilar a coisa.

Susan Duffy, a mulher extraordinária de quem já lhes falei, mandou-me um fragmento de um texto escrito por ela chamado "A flor":

Você consegue imaginar uma sementinha jogada pelo vento na fenda de uma rocha muito alta? Transforma-se numa flor belíssima, quando chega a ser tudo aquilo que deve ser. Todos os dias cumprimenta os elementos da vida: o sol, a chuva, os ventos e a escuridão da noite. Nunca se queixa nem pergunta nada a respeito de sua existência. Ela é sempre obediente. Todos os dias, é chamada a fazer e ser aquilo para o que foi destinada. Abrir-se e cintilar mostrando seu rosto a Deus. Provavelmente, um olho humano jamais a verá durante toda a sua vida. Só existe um ser que a vê, e este ser é Deus. É no silêncio da natureza que os seres são receptivos a toda a verdade. Porque só a natureza faz o que é chamada a fazer de maneira perfeita.

A mutação das folhas no outono é muito simbólica para mim. Pouco antes de caírem das árvores, as folhas encontram-se no auge de seu esplendor. Antes de deixar a árvore da vida, você mostra sua singularidade e beleza. O verde é um manto. Com essas folhas coloridas, Deus lembra-nos da importância de nossas diferenças.

A dra. Rachel Naomi Remen, amiga e médica, passou por doenças e cirurgias e, assim sendo, é uma nativa, tanto do mundo do médico quanto do paciente. Num artigo publicado pela *Noetic Sciences Review* no outono de 1988, ela diz:

O objetivo da vida é crescer em sabedoria e aprender a amar melhor. Se a vida realiza esses objetivos, então a saúde serve a esses propósitos e a doença serve-os também, porque a doença faz parte da vida...

É muito interessante a freqüência com que o processo de cura física ocorre, ao mesmo tempo em que o coração se purifica. Um altruísmo maior, uma compaixão maior, parecem sedimentar-se nas diferentes pessoas à medida que você trabalha junto com elas enquanto sofrem doenças graves.

O Dalai Lama escreveu, na edição da primavera de 1990 da revista *Parabola*:

O objetivo da vida é servir as outras pessoas. Fazer algo em benefício de outras pessoas. Deste ponto de vista, uma dificuldade é de fato uma grande oportunidade.

Um amigo meu declarou, depois de seu companheiro ter morrido de complicações de Aids:

O objetivo da vida é o desenvolvimento da alma. O corpo não é o propósito da cura. O próposito da cura é a paz. E parte da cura é aceitar e acolher a morte. As pessoas morrem quando seu trabalho no planeta está concluído, ou morrem quando param de se desenvolver. Muita gente se cura, de fato, na morte, resolvendo completamente as grandes questões da vida. A cura não significa necessariamente que você continua em seu corpo. As pessoas com Aids ou com outras doenças fatais devem aceitar a morte. Quanto mais se resiste a ela, quanto mais ela é negada, tanto maior o seu poder. A verdadeira questão é a qualidade da vida.

Se você perguntar: "Posso optar pela vida e posso optar pela morte; preciso de um motivo para viver; como encontrá-lo?" Respondo-lhe: "Olhe à sua volta". Se houver outra criatura viva quando você levantar os olhos, eis aí um motivo para viver. Encha sua casa de plantas. Quem vai cuidar delas se você morrer? Arranje um bichinho de estimação. Conheço uma mulher que tem dezenas de gatos. Ela não pode morrer, pois precisa cuidar deles.

Descubra alguém que tenha mais dificuldades do que você. Olhe à sua volta na rua. Há muita gente desabrigada, viciados em drogas, jovens que perderam o rumo. Saia e faça alguma coisa por alguém que está sofrendo. A partir de sua própria dor, você vai descobrir um motivo para viver. O mundo é um lugar difícil. Candidate-se à presidência da república, por falar nisso. Transforme o mundo. A sociedade não vai salvá-lo, mas você pode salvar a sociedade. Lembre-se do que é salvar um pássaro. Se todos nós pusermos nossa vida em ordem, o mundo será alterado e recuperado.

Uma vez eu disse que a vida era uma "carga maravilhosa" e alguém ficou louco de raiva por eu tê-la chamado de carga. Mas acho que é um presente enorme que lhe mandaram carregar, e você pode precisar de ajuda para isso.

A vida é um presente que Deus nos deu. O que fazemos com ela é nosso presente para Deus.

## A Vida, Um Presente

Há alguns anos, uma pergunta que me chocava era: "Como você sabe que Deus não quer que eu tenha câncer? Talvez Deus esteja me castigando com essa doença". Hoje não fico nem surpreso, porque entendo melhor a origem da culpa e da vergonha.

A doença não é um castigo; é parte da vida. Se você pretende aceitar o presente que é a vida, vai ter de aceitar suas dificuldades. Na natureza também ocorrem desastres (Se você ganhasse na loteria, será que iria perguntar: "Por que eu?").

Todos teremos de morrer. E você não será considerado pecador se tiver uma doença. Não significa que não amou o bastante ou que fez algo errado; a doença simplesmente faz parte da vida.

É uma pena que as pessoas nem sequer pensem nisso, o que revela, de certo modo, a mentalidade com que fomos criados. Vejo conflitos enormes na cabeça das pessoas, assim como nas mais variadas religiões. E alguns podem decorrer da própria religião. Em 1829, o Papa Leão XII declarou que todos os que se deixassem vacinar, não mais seriam filhos de Deus, pois a catapora era uma sentença de Deus e a vacinação, um desafio a Ele.

É claro que ninguém mais acredita nisso, mas essas idéias ainda exercem uma influência sutil consciente e inconsciente nas pessoas.

Quando Bobbie e eu estávamos visitando a Irlanda, muitos participantes de um grupo de apoio a pacientes de câncer perguntaram-nos se deveriam buscar a cura; queriam saber se Deus queria ou não que tivessem a doença.

Acho que precisamos entender que Deus não criou o mundo para fazer as pessoas sofrerem. Mas também acho que Deus sabia que precisávamos de liberdade para experimentar todas as coisas a fim de tornar a vida significativa. Creio que a abordagem ideal à doença está na "Oração da Serenidade", composta por Reinhold Niebuhr:

Deus, dai-me serenidade para aceitar as coisas que não posso mudar; coragem para modificar as aquelas que posso e sabedoria para distinguir uma das outras.

A Oração da Serenidade inclui todas as coisas sobre as quais falamos: tornar-se uma pessoa original e pouco cooperativa, assim como reconhecer e submeter-se à ordem do universo. Temos de saber pelo que lutar e ao que ceder. É uma opção pessoal.

Se você pensar em Helen Keller, que ficou surda e cega com um ano e meio de idade, pode imaginar seus pais, arrasados, questionando-se: "O que fizemos de errado?" Mas, quando você lê o que ela escreveu, descobre que ela nunca considerou seus sofrimentos um castigo; enfrentou-os como algo a ser superado. Julgo que o desafio originou-se do fato de seus pais não terem-se sentido culpados, mas preocupados em responder à pergunta: "O que podemos fazer por essa criança?"

Leia o que ela diz em seu livro *My Religion*:

Nunca acreditei que minhas limitações tivessem sido, de maneira alguma, punições ou acidentes. Se tivesse alimentado esse ponto de vista, nunca teria tido força para superá-las.

E:

As dificuldades assaltam-nos a cada curva do caminho. São as damas de companhia da vida... Do sofrimento, nascem as violetas da paciência e da doçura... A riqueza maravilhosa da experiência humana perderia parte de sua gratificante alegria se não houvesse limitações a serem superadas.

## Lance Mão de Todos os Recursos: a Consulta

A fé em Deus pode ajudar-nos a sarar. Algumas pessoas acreditam que isso seja o bastante e perguntam: "Mas por que preciso de uma cirurgia?"

Acho que Deus e nossas capacidades são muito poderosos, mas somos falíveis. Nem sempre podemos ter tudo o que queremos, e eu acredito nos benefícios proporcionados por outros recursos. Falei a respeito do quadro intitulado *A consulta*, em que o médico, o paciente, a enfermeira, uma figura espiritual e remédios estão presentes. Conheço

150

gente que diz: "Deixei todos os meus problemas nas mãos de Deus", e seu câncer desapareceu. Se você se considera capaz disso, ótimo.

Mas também sei que, se você ler a Bíblia, vai descobrir que o médico é um recurso, uma dádiva de Deus. Todos os remédios vieram de Deus. São todos naturais, num certo sentido. Assim sendo, podemos aceitar todas as coisas. A cirurgia e a quimioterapia podem ser presentes de Deus. E quando vejo as pessoas fazerem desenhos mostrando seu tratamento como um presente, ou a sala de cirurgia como um lugar onde Deus e o amor estão presentes, sei que podem incorporar o tratamento em sua vida. O tratamento passa a ser uma maneira de Deus, ou da Deusa, manifestar sua presença (muitas vezes refiro-me à divindade em sua expressão feminina, pois acho que nossas qualidades "femininas" estão relacionadas com a cura e a resolução de problemas).

Todas as coisas, num certo sentido, tornam-se manifestações da divindade, inclusive o cirurgião e o tratamento. Todas as coisas fazem parte do mesmo sistema, da mesma criação. E, desse modo, todas as coisas são Deus, por definição. Não é preciso excluir nada. Quando você é capaz de deixar seus problemas nas mãos de Deus, de submeter-se à ordem do universo, eis aí uma atitude que torna tudo mais simples, inclusive decidir o momento em que você vai fazer um tratamento.

Tenho certeza de que, qualquer dia desses, descobriremos por meio da pesquisa (parte dela já foi feita) que nossa consciência pode afetar a nós e aos outros, que nossas orações podem afetar aos outros. Que existe uma energia à disposição de todos nós, que pode ser usada para curar. Você pode dar a ela o nome de Deus, se quiser, mas nós também somos Deus. Somos parte desse fantástico sistema universal (quando você for para o Céu, vão perguntar-lhe se quer ver Deus e, se você responder que sim, vão perguntar-lhe de que maneira quer ser apresentado. Qual vai ser sua resposta? Só há uma resposta certa. Espero que saiba que você e Deus são um só).

Enquanto algumas pessoas acreditam que tudo deve ser deixado nas mãos de Deus, outras perguntam: "Por que, dentro da sua filosofia, você acredita que Deus tem de desempenhar um papel tão grande? Você não acha que a psiconeuroimunologia explica grande parte dos chamados "milagres"? Não acha que toda cura é científica?"

Para mim, Deus é psiconeuroimunologia. Minha definição de Deus é energia inteligente e amorosa. Deus é científico. Deus é luz. Deus é trevas. Deus é tudo (por favor, não me escreva para questionar essas afirmações. Como diz Bobbie, um ateu é quem não se apóia em nenhum recurso invisível. Para ajudá-lo a entender isso, quando você chegar ao Céu, como vai descrever a si mesmo, à sua essência?).

Religião e ciência podem convergir. Espiritualidade e ciência podem convergir, com toda a certeza. Se você pensa em criatividade e espiritualidade, pense nas coisas que Albert Einstein e outros físicos quânticos disseram: acham o universo inacreditável e uma fonte de admirável. Esses cientistas possuem a percepção da unidade do mundo e de todas as entidades de seu interior.

## Tomando Decisões

Quando termino de dar uma palestra, as pessoas costumam levantar-se e fazer perguntas. Algumas delas chegaram a dizer: "Não quero tomar seu tempo e, por isso, diga-me nos próximos trinta segundos o que fazer com minha vida". Minha resposta: Como pode sentir-se tão pequeno, a ponto de pedir-me que decida o que fazer com sua vida, e em trinta segundos? Mas as pessoas estão amedrontadas e inseguras, e acho que essa pergunta diz respeito realmente à tomada de decisões. Alguém pode ter de tomar uma decisão vital agora: onde viver ou que tratamento fazer.

A questão na qual tenho de pensar é por que os outros querem que eu faça opções por eles. Uma das coisas que percebi sobre os pacientes extraordinários é que eles não têm medo de tomar decisões. Eles sabem que se trata de sua vida, e assumem suas responsabilidades. Não pensam: "É a escolha certa se eu me curar e se, daqui a cinco anos, continuar saudável". Consideram o que é certo agora. Não se importam de redirecionar sua vida, de mudar suas opções. Mas quando você sente medo de procurar seu caminho, corre para mim e pergunta: "Você poderia iluminar meu caminho, por favor?" E se eu tomar uma decisão e depois você não gostar dela, eu serei o vilão.

Não se julgue tão pequeno, a ponto de deixar que outras pessoas tomem decisões por você. Quando estão prestes a tomar uma decisão por você, já conhecem sua história? A resposta é não.

Sei que aquilo que as pessoas estão realmente querendo é esperança. Isso eu posso dar. É mais fácil sentir-se à vontade e sincero quando se trata de dar esperanças, do que se propor a tomar decisões sobre a vida de outra pessoa. Todos somos únicos, e ninguém conhece o futuro de outro indivíduo. Assim, quando as pessoas estão dispostas a aceitar o desafio e travar a batalha, estou ali, ao lado delas.

Um artigo de Colin McEnroe foi publicado no dia 14 de maio de 1990, em *Hartford Courant*, falando de uma mulher chamada Deborah Burton, que estava grávida e que também sabia estar com câncer. Suas opções eram muitas, inclusive a de não fazer nada a respeito do câncer e de ter o bebê; a de fazer um aborto, ou fazer uma quimioterapia de baixa dosagem e manter a gravidez. Não eram escolhas fáceis, pois envolviam possíveis perdas graves. Ela conta que as seguintes palavras lhe vieram à mente: "Abrace a vida". Segundo ela, foram ditas quase como uma oração. Ela conta mais:

Eu sabia o que meu coração desejava; mas abraçar aquilo, sentir que meu coração e eu estávamos de bem, era a parte difícil...

Eis o que sinto a respeito de decisões "erradas" que as pessoas tomam, em níveis inferiores àquele em que realmente se encontram, e depois essas decisões ressoam no futuro. Eu queria tomar a minha no mais alto nível possível.

Acho que essas são as palavras-chave. Tomar todas as decisões no nível mais alto possível. Afirmar a vida — a sua e a dos outros — e seguir em frente.

## Será Que a Vida É Justa?

Às vezes, nas reuniões da Wellness Society, em convenções de psicólogos e médicos, pergunto se eles acham que a vida é justa. A maioria das pessoas responde que não. Quando falo para estudantes do quarto ano do curso de Medicina, procuro fazê-los pensar, dizendo-lhes: "Se a vida não é justa, não se dê ao trabalho de ajudar as pessoas a viverem mais. Ajude-as a morrer mais depressa, para não terem de suportar essa injustiça". Muitos saem da palestra com uma expressão de assombro, porque estou fazendo com que pensem em seu papel.

Mas tenho a sensação de que a vida é absolutamente justa. Só que precisamos redefinir os conceitos. Dificuldades, problemas, dor e perdas andam de mãos dadas com a vida. E, assim, nossa pergunta passa a ser: "Como lidar com essas coisas? Podemos usá-las para tomar um novo rumo e até chegar a considerá-las dádivas?"

Katherine Mansfield relata, em uma de suas cartas: "Temos de descobrir a dádiva do sofrimento". E, ainda: "Não podemos dar-nos ao luxo de desperdiçar tal quantidade de sentimentos, temos de aprender com eles".

Descobri, há muitos anos, que as pessoas genuinamente felizes que conheço não são felizes apenas por terem tido sorte. Sei que optaram pela felicidade.

No hospital, eu distribuía broches a todas as pessoas que trabalhavam lá e que eu via espalhando amor e felicidade aos que as rodeavam. Eu ia até elas e dizia: "Gostaria de saber o seu nome". Tenho certeza de que a maioria pensava: "Bom, ele é médico. Quer saber meu nome porque fiz algo errado e ele vai me denunciar". Portanto, só diziam o seu nome. Um mês depois, eu lhes trazia o brochinho com um arco-íris e o seu nome, e dava-lhes de presente (dessa forma, acabamos criando uma organização subversiva de amantes no hospital).

Um dia, aproximei-me de uma secretária de médico que estava sempre cercada por gente feliz. Eu lhe disse: "Gostaria de saber o seu nome".

Ela perguntou-me: "Por quê?", e eu respondi: "Porque quero dar-lhe um presente. Você cria essa aura de felicidade à sua volta e quero agradecer-lhe por isso". E ela retrucou: "Sente-se, tenho uma história para contar. Estou aqui há dois anos. Quando aceitei o emprego, assinei um contrato, vim trabalhar e fui imediatamente cercada por gente em estado deplorável. Refiro-me aos médicos e enfermeiras — os pacientes não eram problema. Por isso, desci até o consultório na hora do almoço e anunciei: "Não quero este emprego. Estou me demitindo." E eles retrucaram: "Você não pode ir embora; tem de dar um aviso prévio de duas semanas." Eu continuei: "Tudo bem. Estou dando o aviso prévio de duas semanas." Eu me levantava infeliz todos os dias, até o último daquelas duas semanas, quando me levantei tão feliz por ser o meu último dia, que vim trabalhar na maior das alegrias. No fim do dia, entendi uma coisa. Todas as pessoas à minha volta estavam felizes. Por isso não fui embora, só decidi vir trabalhar feliz".

Eis aí uma escolha que todos nós somos capazes de fazer. Temos de compreender que a alegria e a luz são criadas dentro de nós; não vêm do lado de fora.

De certa forma, o próprio curso da vida é injusto para todos nós. Uma solução que tenho pensado para esse problema é viver de trás para a frente. Primeiro morreríamos e já tiraríamos essa questão de nosso caminho e, depois, ficaríamos cada vez mais jovens. Deparei-me com um poema maravilhoso que sugere isso. Ele foi publicado no boletim informativo do Life Center, de Indianópolis, uma contribuição de Norm Glass:

154

# A Vida Invertida

A vida é dura.
Consome um bocado de seu tempo
todos os seus fins de semana,
e o que você recebe no fim?
... Morte, que grande recompensa!
Acho que o ciclo da vida está de trás para a frente.
Você deve morrer primeiro, tirar essa questão da sua lista.
Depois você vive vinte anos num asilo de velhos.
É posto para fora quando já estiver novo demais,
aí você ganha um relógio de ouro e vai trabalhar.
Trabalha durante quarenta anos até estar
jovem demais para desfrutar a sua aposentadoria.
Vai para a faculdade,
sai de lá quando já estiver pronto para o colegial,
e então torna-se criança, brinca,
não tem nenhuma responsabilidade,
vira um menininho ou uma menininha,
volta para o ventre materno,
passa seus últimos nove meses flutuando.
E depois desaparece como o brilho de um olhar.

Gosto de dizer nos *workshops*, brincando, que trabalhei como consultor estrangeiro na diretoria do Céu e que, todo ano, A Divindade escolhe três homens e três mulheres para ajudá-la a pôr-se em dia com os tópicos correntes. E dá a cada um de nós, no final de nosso mandato, uma placa com os dizeres: "Não se sinta total, pessoal, irrevogável e eternamente responsável por tudo. Esta tarefa é minha". E a placa é assinada: Deus. Acho que essa mensagem nos faz sentir melhor e torna nossa carga mais leve.

## Não Há Pecados Imperdoáveis

Em meu livro *Paz, amor e cura*, conto que certa vez tive um sonho em que era obrigado a ler o poema de Samuel Taylor Coleridge, "O Velho Marinheiro". Quando fui à livraria comprar o livro, lá estava no balcão um lindo exemplar ilustrado. Não creio que tenha sido coincidência. Peguei o livro e folheei-o, perguntando-me o que precisava descobrir. E esses versos próximos do final do livro, saltaram-me à vista:

Ele reza bastante, ama bastante
Homens, pássaros, animais.
Ele reza o melhor que pode, ama o melhor que pode
Todas as coisas, grandes e pequenas;
Em nome do Deus que nos ama,
Ele fez tudo, amou tudo.

Entendi, em primeiro lugar, que esses versos me mostravam que não há exceções no amor de Deus, e que as exceções não devem existir no amor que dedicamos uns aos outros. Não há exceções para a regra de amar e perdoar — se resolver optar pelo amor, ele deve incluir a todos.

Uma outra parte do poema também me chamou a atenção. O Velho Marinheiro está sentado com o albatroz morto amarrado ao pescoço:

Naquele exato momento consegui rezar;
E, do meu pescoço, totalmente livre
O Albatroz soltou-se e caiu
Como chumbo no mar.

Quando li esses versos, soube que em tudo o que nos acontece existe algo precioso. Deus reside em cada um de nós.

A essa altura, gostaria de falar a respeito de um mal-entendido ou crítica relacionados a algo que disse no passado.

Emmet Fox, ao falar sobre o amor, disse que não há doença que não possa ser superada por uma quantidade suficiente de amor. Poderíamos então criticar severamente algumas pessoas, e acusá-las de não amar o bastante. Mas o ponto que ambos estamos querendo esclarecer é que, num certo sentido, a doença fundamental de que todos sofremos é não amar bastante a si mesmo. E isso pode dever-se ao fato de a pessoa não ter sido amada e, por isso, não ser capaz de amar aos outros. É uma doença.

Conheço pessoas que, por terem enfrentado doenças graves, perderam a função ou os movimentos de partes do corpo, mas, apesar disso, estão tendo uma vida de amor e são uma fonte constante de inspiração e exemplo para os demais. É aí que quero chegar. Não que você não tenha amado o bastante, mas que seu corpo não restringe sua capacidade de amar e que, se você enfrenta doenças sérias, torna-se paraplégico, seus braços ou pernas são destruídas por granadas, mesmo assim você pode ser amante e servir aos demais. A essência dessa verdade está contida numa citação apresentada no livro do dr. Richard Selzer, *Down from Troy: A doctor comes of age*. Seu pai, clínico geral, dizia: "A verdadeira saúde é a capacidade de passar sem ela".

Em *Paz, amor e cura*, mencionei também um clérigo que, num sermão, fala a respeito da visita de Jeremias ao oleiro, e sobre a forma como este remodelava o barro. O ministro concluiu o sermão dizendo: "Só existe um pecado imperdoável: desistir da vida depois que fizemos uma grande confusão." A mensagem era: não desista — podemos refazer as coisas, remodelar o barro, nunca devemos desistir de viver.

Muitas pessoas me escreveram a respeito dessa citação para opinar: "Não há pecados imperdoáveis". Concordo em número, gênero e grau. Se você perguntasse: "Deus, podes perdoar-me?". A resposta seria: "Sim, esta é a minha função". Mas você precisa perdoar a si, aos outros e pedir o perdão deles. O problema não é Deus.

Isso também aparece no Corão, onde Deus diz:

Ó meus servos, que têm sido duros demais com suas almas, consigo mesmos, confiem na misericórdia de Deus, pois Deus perdoa todos os pecados.

Acho que Deus é muito mais liberal do que as pessoas. Se o indivíduo está disposto a aprender com seus erros, quem somos nós, humanos, para não perdoá-lo? São nossos problemas e nossa amargura que alimentam nossos rancores.

A única coisa que vai salvar as pessoas e salvar o mundo é perdoar, e amar-nos uns aos outros. Aí a recuperação pode ocorrer. Isso não significa que tenho de gostar de tudo quanto você fizer. Mas não perdoar significa que há coisas que não posso perdoar em mim mesmo. Tudo é perdoável quando entendemos por que as pessoas são como são.

Segundo a Bíblia, Jesus disse a um paralítico: "Seus pecados estão perdoados". Jesus sabia que o importante era resgatar sua vida, porque uma vida pode ser resgatada, mesmo sem a cura de uma doença. Uma pessoa acometida de paralisia cerebral, paraplegia, câncer ou Aids, ainda pode existir no contexto de uma vida resgatada.

Joseph Heller escreveu um livro (com seu amigo Speed Vogel) chamado *No Laughing Matter*, sobre sua experiência com a paralisia provocada por um distúrbio do sistema nervoso. Ele conta que recebeu a visita de muitos amigos, entre eles a de Mel Brooks, que entrou em seu quarto e disse: "Por Jesus! Levanta-te! Anda!" Heller fez o que pôde, mas não conseguiu. Mel Brooks acrescenta: "Pensei que acertaria na mosca". Escrevi a Mel Brooks e sugeri que dissesse: "Seus pecados estão perdoados" da próxima vez que quiser ajudar um amigo.

Sei o quanto precisamos de perdão por nossos atos para começarmos a viver ou morrer em paz. Já percorri um asilo de velhos repetindo: "Seus pecados estão perdoados", e as pessoas sentiram-se muito bem ao ouvir isso.

Edward Salisbury, que esteve várias vezes às portas da morte, dedicou sua vida a cuidar de velhos e doentes; escreveu-me depois que eu falei sobre o quanto essa frase era curativa. Ele disse-me que, no começo dos anos 80, ele trabalhava no turno das 15 horas às 23 horas na enfermaria de uma casa de repouso, proporcionando "cuidados básicos" aos residentes que pareciam estar esperando a morte. Era hábito seu dizer boa noite a alguns pacientes que insistiam em não deixá-lo sair.

Uma mulher, a "sra. D.", tornou-se muito íntima dele e fazia-lhe muitas perguntas a respeito de sua crença no perdão. Ela não conseguia andar havia mais de seis anos e ele a transportava da cadeira de rodas para o vaso sanitário ou para a cama. Ela esperava todas as noites que ele a aconchegasse debaixo das cobertas e lhe desse um beijo de boa noite antes de dormir. Tiveram muitas conversas longas a respeito de Deus, morte e família.

Uma noite, enquanto eu me dirigia para a porta para pegar meu carro, sentindo-me exausto e satisfeito porque terminara mais um dia de trabalho, ouvi um grito agudo, de dor, vindo da janela que dava para o estacionamento. Aquilo me fez parar instantaneamente. Percebi que tinha esquecido de dizer boa noite à sra. D.

Ele foi ao quarto dela e encontrou-a sentada na cama, com um olhar angustiado e aflito. Repreendeu-o e depois pediu-lhe que se sentasse um pouco ao seu lado:

Enquanto conversávamos, percebi que ela queria discutir coisas de grande importância. Perguntou-me: "Você acha que Deus perdoa tudo?" Eu havia relatado e ela e aos outros minhas experiências de quase-morte e minha certeza absoluta de que Deus ama tudo e tudo perdoa. Vi que ela sentia muita vergonha e culpa. Por isso, reassegurei-lhe de que não havia nada que ela pudesse ter feito que a impedisse de receber o Amor e a Graça de Deus.

Ela contou-me: "Quando eu era jovem, roubei a prataria de meus pais para poder fugir e me casar com meu noivo. Nunca mais falei com eles. Senti-me cruel e envergonhada. Nunca falei sobre isso a ninguém e tenho medo que Deus não me perdoe."

Inclinei-me, chegando bem perto dela e sussurrei: "Eu sei que Deus a perdoou. Deus a conhece e só quer que você *tome conhecimento de seu amor*".

Ele colocou-a para dormir e foi embora. Na manhã seguinte, quando entrou, o administrador e o responsável pela enfermaria estavam lá esperando por ele. Perguntaram-lhe o que havia dito à sra. D., na noite anterior. Ele respondeu que haviam conversado a respeito de amor e perdão. Eles então lhe comunicaram:

Na noite passada, por volta das 2 horas, a sra. D. *andou* por todo o corredor, de seu quarto até a sala das enfermeiras, colocou sua Bíblia e a dentadura no balcão e disse: "Não vou mais precisar delas, obrigada". Voltou sem qualquer ajuda para a cama, deitou-se e morreu.

Ela morreu em paz. Obviamente, o perdão ajudou-a a resgatar sua vida. Espero que todos consigamos perdoar a nós mesmos, porque Deus, com certeza, já perdoou. Quero dizer perdoar a nós mesmos para podermos viver plenamente, aceitando todas as partes de nosso ser — não apenas sermos perdoados para podermos encerrar nossa vida, mas para podermos começá-la.

## Aceitando Sua "Sombra"

Segundo Carl Jung, a "sombra" representa nossa parte escura, desconhecida, inexplorada — a parte que muitas vezes projetamos em algo ou em alguém, quando não a exploramos nem aceitamos. Jung exemplificou seu conceito de forma muito sugestiva: "Se Deus estiver na porta da frente, o Diabo estará na porta dos fundos". Compreendo que, dentro de mim, existe um assassino em potencial — e, depois de saber disso, não me transformo num assassino; tenho condições de enfrentar essa parte minha. Aceitar minha sombra torna mais fácil aceitar a dos outros.

Temos de entender que existe uma diferença enorme entre amar e gostar. Não estou pedindo às pessoas que aceitem os atos de um criminoso. Mas quando descobrir que você mesmo poderia ser um malfeitor, fica mais fácil entender o criminoso e, além disso, o amor pode levar à reabilitação e à recuperação, não apenas ao castigo e à prisão.

Gostaria de citar outra vez um de meus livros favoritos, *The human comedy* de William Saroyan (se você ainda não o leu, espero que o leia):

Os maus não sabem que são maus e, por isso, são inocentes; o mau deve ser perdoado todos os dias. Deve ser amado porque algo de todos nós está no pior dos homens do mundo, e algo dele está em nós. Ele nos pertence e nós pertencemos a ele. Nenhum de nós está separado do outro. A oração do camponês é a minha oração, o crime do assassino é o meu crime.

## Duas Histórias de Tigre

Gosto de contar uma história em *workshops* que é verdadeira em espírito, de qualquer forma, sobre minha experiência com um tigre. Ela diz muito a respeito do significado da vida.

Bobbie e eu íamos fazer uma conferência, certa noite, numa das maiores cidades dos Estados Unidos. Tínhamos a tarde livre e, por isso, fomos ao zoológico. Enquanto passeávamos por lá, curtindo todos os animais em seu hábitat (separados por cercas, e não enjaulados), eu comentava com Bobbie como tudo aquilo era maravilhoso e real. De repente, vi um tigre à nossa frente. Eu disse e ela: "Você está vendo como isso aqui é maravilhoso? Você pode chegar bem perto dos animais e observá-los".

Então, cheguei mais perto e percebi que não havia cerca alguma entre o tigre e nós. Por isso, pedi a Bobbie que fosse buscar ajuda, enquanto eu ficava ali, quieto, esperando que o tigre só ficasse olhando para mim e que nada acontecesse. Bobbie poderia retornar correndo pela trilha e trazer alguém. Mas o tigre parecia estar começando a se interessar por mim. Por isso subi numa saliência íngreme, vertical mesmo, e agarrei-me a uma parreira que havia lá, sabendo que o tigre não poderia me alcançar. O animal sentou-se, colocou a cabeça sobre as patas, exatamente como nossa gata — e ficou olhando para mim. Eu me senti seguro.

Depois de algum tempo, pensei que poderia descer e fugir dali. Mas, quando comecei a descer, ouvi um rugido. Olhei para baixo e vi que o tigre não se mexera, mas quando levantei os olhos, outro tigre tinha aparecido e estava rugindo para mim. Então, eu me agarrei à parreira, sabendo que minha mulher ia acabar aparecendo. E, enquanto eu estava ali, sentindo-me a salvo, percebi que havia um pouco de poeira na minha cabeça. Olhei para cima e enxerguei um rato branco roendo a parreira. Mas, como era uma parreira grande e grossa, sabia que dispunha de muito tempo.

Um pouco mais tarde, olhei de novo para cima, sentindo que caía mais poeira e havia um rato preto roendo a parreira do outro lado, na direção do rato branco. Eu estava começando a ficar nervoso. E, quando fico nervoso, sinto fome. Pendendo da parreira havia um cacho de uvas e eu o colhi e comi. Foram as uvas mais doces, as mais deliciosas que já comera em minha vida. E minha reação foi dizer: "Ah!"

Essa é realmente a vida. O tigre de seu nascimento está lá em cima, a tumba do ventre materno. Lá embaixo, está o tigre de sua morte, o ventre materno da tumba. O dia e a noite o estão devorando. Portanto, sua tarefa é viver agora, neste momento.

Prove a vida e diga: "Ah!"

Joseph Campbell conta uma história no final do livro *The Hero's Journey* a respeito de um pequeno tigre órfão, que é criado pelas ovelhas. Ele não sabe que é um tigre e, por isso, solta balidos e pasta com as ovelhas. Então, um belo dia, um tigre adulto ataca o rebanho, que se dispersa.

Mas o filhote era um tigre, não uma ovelha. Portanto, lá estava ele, de pé. O grande olhou para ele e exclamou: "O que? *Você* vivendo aqui com essas ovelhas?" O tigrinho gritou *mééééé* e começou a pastar, um pouco constrangido. O tigre pegou-o pelo pescoço, levou-o até uma lagoa e pediu-lhe que se mirasse na água. O pequeno inclinou-se sobre a lagoa. E, pela primeira vez, viu sua verdadeira cara.

Quando a lagoa está calma, tomamos consciência de nossa presença eterna que não é a de nenhuma outra criatura. As ondas confundem nossa identidade — elas vêm e vão. De qualquer forma, o filhote começa a ter uma idéia da mensagem. Na aula seguinte, o grande pega o pequeno e leva-o para sua toca, onde há restos de uma gazela recém-morta. O tigre pega um pedaço de carne sangrenta e diz ao pequeno: "Abra a boca".

O pequeno dá um passo para trás. "Sou vegetariano", diz ele. "Bem", diz o grandão, "nada de besteiras." E joga-lhe o naco goela abaixo. O pequeno sentiu o estômago embrulhar quando o outro concluiu: "É assim que agem todos os que seguem a verdadeira doutrina".

Então, mesmo com o estômago embrulhado com a verdadeira doutrina, seu sistema tem condições de assimilá-la, pois é o alimento que lhe convém, e esse alimento ativa seu sistema nervoso. Ativado espontaneamente pelo alimento certo para ele, o pequeno dá um rugidinho, mas já é um verdadeiro rugido de tigre. Então, o grandão fala: "Muito bem. Agora está tudo certo. Vamos nos alimentar com comida de tigre".

Claro que temos uma moral da história. É que, na verdade, somos todos tigres, vivendo como ovelhas. A função da Sociologia e da maior parte de nossa educação religiosa é ensinar-nos a ser ovelhas. Mas a função da interpretação correta dos símbolos mitológicos e da disciplina da meditação é mostrar-lhe seu rosto de tigre. Depois vem o problema. Você já conhece seu rosto de tigre, mas ainda está vivendo com as ovelhas. O que fazer?

O que você descobriu foi que o esplendor da eternidade manifesta-se em todas as formas do universo. Você pode ver a realização do milagre da vida em todas essas formas. Mas não as deixe saber que você é um tigre!... Você usa a roupagem externa da lei; comporta-se como todos os outros. E usa a roupagem interna do caminho místico. Esse é o grande segredo da vida.

É disso que estamos falando: de encontrar sua forma de amar o mundo, não de ignorá-lo ou de ser realmente indiferente. Pais, professores, orientadores religiosos — essas figuras de autoridade podem transformar-nos em ovelhas, mesmo que tenhamos nascido tigres. A chave é descobrir o tigre dentro de você.

Quando as pessoas ficarem com o estômago embrulhado com a verdadeira doutrina, lembre-se de que, ao tentar mudar os outros, é mais fácil por meio de histórias, de anedotas. Se você se apresentar como uma ovelha, as pessoas não vão saber que existe o papel interior do místico e do tigre em você. Quando você se apresenta como uma ovelha, é mais provável que dêem ouvidos à sua conversa de tigre.

Cheguei a um *workshop* dirigindo um Chevrolet Camaro 69 que estava caindo aos pedaços; mas estava em casa para ser restaurado por nosso filho Stephen. As pessoas ouviram-me atentamente o dia inteiro e, no fim, uma mulher aproximou-se de mim e disse: "Você causou um impacto tremendo sobre nós, por causa de sua natureza humilde". Perguntei-lhe: "Como você pode saber alguma coisa sobre minha natureza humilde?" "Oh! Vimos o carro que você estava dirigindo. Se tivesse chegado num Mercedes, não teria provocado esse impacto em nós", respondeu ela. Por isso, sei que você entende o que quero dizer quando aconselho: "Venha como ovelha".

# 8
# A Ponte: Desprendimento e Paz

*Trabalhei durante nove anos como enfermeira na área de obstetrícia antes de começar a trabalhar numa casa de repouso. Há muitas semelhanças entre o nascimento e a morte. Se, quando um paciente está morrendo, posso ajudá-lo ou à sua família, lembrando o nascimento e o difícil trabalho de parto envolvido nesse processo natural da vida, a morte fica, de certa forma, muito menos misteriosa e impressionante. Gostaria de ensinar as pessoas a estarem presentes com seus entes queridos nesse momento incrível.... Estou dando seminários intitulados "O Parto dos Moribundos" e mostrando como ser testemunha, validar e estar presente nesse acontecimento vital.*

Jan Bernard

# Às Margens do Rio da Morte

Às vezes, as pessoas me perguntam: "Como lidar com a questão da morte?" Acho que é aceitando o fato de sermos mortais. Todos temos uma quantidade limitada de tempo aqui, seja um dia, vinte anos ou sessenta. Viva o dia ou os anos, esta é que é a chave.

Uma mulher disse-me: "Estou com câncer, mas ainda sou jovem e tenho filhos para criar. Não me sinto nem um pingo preparada para encarar a morte".

Você tem filhos para criar. O que é que você deseja que seus filhos saibam? Se você não estivesse aqui, o que eles teriam? Teriam a lembrança de sua voz, dizendo-lhes que os ama e aceita aconteça o que acontecer. Mas talvez você também queira deixar-lhes cartas ou mesmo uma fita de vídeo só para lembrá-los de que você os ama e que, quando surgirem dificuldades, Deus os estará redirecionando. Assim, podem crescer com mensagens suas, que vão estar presentes, seja o que for que lhe aconteça. Ensine-os a enfrentar a adversidade e o sofrimento. O que você gostaria de deixar atrás de si? O que gostaria de compartilhar com eles? O que gostaria de ensinar-lhes? Acho que, se souberem que são amados e que as dificuldades são inevitáveis, mas que a vida está relacionada com aquilo que podemos dar, eles vão se sair bem.

Sugiro a você e a todos: faça um testamento. Faça-o e tire-o da cabeça. Você gostaria que as pessoas possuíssem certas preciosidades? Ponha no papel todas as coisas que crê que os demais deveriam saber. É bem possível que, depois de realizar todas as coisas que gostaria, antes de morrer, você se sinta bem demais para ir embora. Uma das fórmulas que adoto para avaliar um hospital para velhos ou uma casa de repouso é perguntando se eles realizam cerimônias de formatura. O motivo é que as pessoas podem resgatar sua vida preparando-se para morrer e depois sentirem-se tão bem que são mandadas de volta para casa.

Comece agora a fazer algumas coisas que você sempre quis fazer. Se você sempre desejou de ter um cachorro ou um gato, se sempre quis plantar uma horta, estudar uma língua ou ir acampar com os filhos, seja o que for, faça, para viver plenamente agora. Viver em pequenos segmentos de tempo torna-os significativos.

Acho que essa é a maneira de enfrentar a questão da morte. Não é ficando deprimido com o fato de poder morrer de câncer, Aids ou ataque cardíaco, mas aceitando o fato de a morte ser um acontecimento pelo qual todos teremos de passar.

Negar esse fato não ajuda em nada. O que você precisa fazer para preparar-se? O que você precisa fazer para tornar sua vida completa?

Tristeza e pesar eu entendo, por causa da separação da família. Mas, então, eu perguntaria: "O que o aterroriza na morte?". Fale sobre seus temores para ter algum controle sobre sua morte e, talvez, até mesmo de detalhes de seu enterro. Que música gostaria que tocassem? Como quer que seja? Pode parecer mórbido, mas prefiro resolver essas questões em vez de deixá-las transformar-se em pensamentos preocupantes que me consomem.

Em um de nossos *workshops* em Chicago, uma linda senhora de uns oitenta anos, contou que, ao saber que tinha câncer, chamou os filhos e o marido e, juntos, discutiram seu funeral: a música, o que serviriam no velório, todos os detalhes. As crianças ficaram aborrecidas com a conversa, mas ela sentou-se com eles e, planejaram tudo juntos. Está claro que ela não morreu. Mas todos os planos foram feitos.

Quando meu pai e seu irmão eram jovens e estavam ajudando a cuidar do jazigo da família, chegaram a deitar-se nos lugares onde seriam seus futuros túmulos e determinar qual a posição que queriam, onde bateria mais sol.

Por que isso foi importante? Porque eles estavam enfrentando sua mortalidade. Mas o mais bonito de tudo, e que chegou a ser engraçado, foi que, quando chegou a hora de enterrar o caixão de meu pai, os coveiros pegaram o ataúde, viraram-no e colocaram-no exatamente como ele queria. Aquilo trouxe um sorriso aos nossos lábios. Ele viveu plenamente até morrer e depois providenciou para que seguíssemos suas instruções.

Eu lhe pediria que fizesse o mesmo, para que seus filhos não crescessem com medo das mesmas coisas que você teme, e pudessem tornar-se pessoas mais fortes por sua causa.

Há uma pessoa especial cujas palavras eu gostaria de compartilhar com você. Era um atleta espetacular, quando recebeu um diagnóstico de câncer. O sistema nervoso central estava comprometido e havia tumores no cérebro e no pulmão. Ele submeteu-se a cirurgias, químio e radioterapia, suportou os efeitos colaterais e chegou a entrar em coma. Mas nunca perdeu a fé e recuperou-se a ponto de participar de competições de natação, esqui e outros eventos esportivos. Mais tarde, sofreu outra série de ataques, mas recuperou-se novamente, apesar de ter perdido a visão. Ele acreditava que, mesmo em coma, o espírito da pessoa pode dirigir-se a outros planos. Chegou perto da morte muitas vezes:

... vi a luz branca, senti uma paz miraculosa, um espírito poderoso, mas sublime, que um dia nos guiará pela passagem e nos livrará do desespero. E acredito que poderemos levar conosco os maiores tesouros acumulados nesta vida, o amor e a esperança. Existe realmente uma ponte entre os dois mundos.

Ele me lembra uma paciente que me deixou um bilhete antes de morrer, dizendo: "Obrigada por todo o seu amor. Posso levá-lo comigo".

Já contei que, anos atrás, tive um sonho, em que mandavam ler o livro *Viagem a Ixtlan*, de Carlos Castañeda. Quando cheguei à livraria, comprei o livro, e descobri que naquelas páginas havia muita coisa que eu precisava aprender. Sempre fico impressionado pela forma como o inconsciente parece ter conhecimento do que precisamos saber e nos leva até aquilo.

Uma das partes de *Viagem a Ixtlan* que parecia ter sido escrito especialmente para mim, foi a que dizia respeito à morte. Ali, Castañeda está começando a aprender com Don Juan e, depois de dizer a seu mestre que não vê sentido em discutir a questão da morte, pois esse assunto só traz mal-estar e medo, Don Juan responde:

Sua cabeça está cheia de bobagens. A morte é o único conselheiro que temos. Sempre que sentir, como sempre sente, que tudo vai dar errado e que você está prestes a ser aniquilado, volte-se para sua morte e pergunte-lhe se é verdade. Sua morte vai dizer-lhe que você está errado e que, além de seu toque, nada importa realmente. Sua morte lhe dirá: "Ainda não o toquei". Olhe para mim, não tenho dúvidas, nem remorsos. Tudo quanto faço é uma decisão minha e de minha responsabilidade. A coisa mais simples que eu fizer — levá-lo para passear no deserto, por exemplo — pode muito bem resultar em minha morte. A morte está à minha espreita. Portanto, não tenho tempo para dúvidas ou remorsos. Se eu tiver que morrer por tê-lo levado para dar um passeio, morrerei. Você, por outro lado, acha que é imortal e que as decisões de um imortal podem ser canceladas, que é possível sentir arrependimento ou dúvida sobre elas. Num mundo onde a morte é o caçador, meu amigo, não há tempo para arrependimentos ou dúvidas, só há tempo para decisões.

Um pouco depois, Castañeda pergunta: "É tão terrível assim ser tímido?" Don Juan responde:

Não, não é quando você é imortal, mas, se vai morrer, não há tempo para a timidez. Simplesmente por que a timidez faz você apegar-se a algo que só existe em sua cabeça. Acalma-o quando tudo está tranqüilo, mas, então, o mundo misterioso e aterrador abre a boca para você, como abrirá para todos nós e aí você perceberá que seus caminhos seguros não ofereciam segurança alguma. Ser tímido impede-nos de examinar e explorar nosso destino de homens.

Desfrute de sua própria pessoa. É mais tarde do que você pensa.

## Morte Não É Derrota

Um capelão disse-me: "Não me sinto à vontade quando a palavra 'fracasso' é aplicada a pacientes que estão se aproximando da morte. Acho que a morte é uma das formas de recuperação (não de 'fracasso') criadas por Deus e pela natureza. Alguma sugestão para uma palavra alternativa?"

Concordo com ele que precisamos enfrentar essa questão. Não é que precisemos de uma outra palavra. Já temos uma. É morrer. Alguém morreu. Vamos falar disso. Não vamos dizer que alguém "bateu as botas", "passou dessa para melhor" ou "faleceu". Vamos falar do assunto de maneira a poder enfrentar essas questões.

Dei aulas numa faculdade onde o livro-texto adotado tinha duas ou três páginas com modos de dizer que alguém morrera sem usar a palavra *morto*. E esses termos são usados nos hospitais; a gente os ouve o tempo todo. Em Yale, a equipe (eu não) sempre fala dos pacientes estarem partindo para Brady Building, onde fica a morgue. Quando um amigo meu morreu numa UTI e, na manhã seguinte, perguntei o que lhe acontecera, a secretária respondeu: "Foi para Brady". Não consegui fazê-la confirmar que ele morrera.

Podemos ver a morte como uma forma de recuperação. Podemos dizer uns aos outros: "Se você está cansado e quer partir, tudo bem". Minha mãe deu permissão a meu pai para que ele se fosse, para que deixasse seu corpo. Tínhamos conseguido uma cama de hospital para que ele ficasse em casa e, um dia, minha mãe telefonou-me para comunicar: "Seu pai está pedindo: 'Preciso sair daqui, Rose'!". Ela achou que ele queria dizer que a cama não estava confortável, mas eu lhe respondi: "Mamãe, é do corpo dele que ele precisa sair, não da cama".

Ela entendeu. Ele não nos decepcionou; foi embora, cercado por seus entes queridos às 15 horas. E todas as pessoas que ele amara e que podiam estar ali estavam presentes. Ele esperou por todos nós. Respirou pela última vez e partiu quando a última pessoa que faltava entrou no quarto. Foi muito lindo o que aconteceu.

Na conclusão deste livro, vamos falar mais um pouco de sua morte com um sorriso nos lábios, e do que compartilhamos naqueles últimos momentos. Se entendermos que a morte não é uma derrota, ficaremos à vontade para usar a palavra *morrer*.

Gostaria de acrescentar que, quando as pessoas têm permissão de ir embora, recuperam-se ou, como disse uma mulher: "Não vou a parte alguma". Seu espírito tem um papel em sua vontade de viver. Já vi isso acontecer em unidades de terapia intensiva e na sala de cirurgia.

Vejo isso também nos desenhos que as pessoas criam. Quando aparece a cor espiritual púrpura, num balão ou num papagaio de papel que está saindo do desenho, entendo que o artista está declarando: "Estou pronto para partir". Para mim, a pessoa está informando: "Meu corpo não é mais o lugar onde desejo estar". Isso não significa que ela não gostaria de viver cem anos se estivesse bem de saúde. Mas determina: "Estou pronto para ir, deixe-me ir". E, então, deixar o corpo é uma transição espiritual, e sua forma seguinte de terapia. Estar inteiro outra vez.

Sempre me lembrarei de uma mulher que precisou amputar um braço para tentar salvar-se de um câncer, quarenta anos atrás. Há pouco tempo, desenhou um auto-retrato onde ela aparece com os dois braços. Bem, se você ficou sem um braço durante quarenta anos, como é que o coloca ali outra vez? O desenho revelou-me que ela estava pronta para morrer e que se sentia absolutamente inteira de novo. Quando você morre, todas as suas partes, de certa maneira, lhe são restituídas.

Essas pessoas não fracassaram. Completaram-se.

Recebi uma carta de uma mulher que dizia o seguinte:

Vivi e amei todos os dias, e a vida que tenho neste exato momento é uma dádiva... Não sou uma doença, nem a feiúra da doença. Sei que meu espírito e a luz curam, e o esplendor da luz está além de todo o conhecimento e de toda a beleza, e é essa beleza que tenho. É meu espírito que viverá por toda a eternidade e é essa parte permanente de meu ser que levo para a eternidade e que se rejubilará na presença de Deus. Não poderia deixá-la para o mundo.

Um jovem estudante de Medicina que estava com câncer escreveu cartas maravilhosas para seus amigos (seus pais, Sue e Bob Clark, falaram-me a respeito depois de sua morte). Em uma delas, escreveu:

Seu apoio mantém elevado o meu espírito. Obrigado. Sinto que tenho de dizer-lhes que, mesmo se eu não realizar meus sonhos da forma como os sonhei, sei que não é por que Deus não me ajudou, ou por que minha família não me ajudou, por que meus amigos não me ajudaram, ou porque meus médicos não me ajudaram, nem por que eu mesmo não me ajudei. Talvez meu corpo é que não tenha ajudado.

Sua mãe disse: "Ele viveu com plenitude. Morreu abraçado com uma enfermeira e percorreu todo o caminho que tinha à sua frente. Estamos imensamente orgulhosos dele".

Num *workshop*, um participante perguntou: "Não tenho muito medo de morrer, mas de morrer aos poucos. Como adquirir controle e mantê-lo? Como ficar livre do medo?"

Minha resposta foi que, em vez de pensar em termos de "controle", devemos pensar em "paz de espírito". Quando tentamos assumir o controle, é aí que a artificialidade se introduz — quando sentimos dor, sorrimos assim mesmo, dizendo: "Estou bem, ninguém vai me ver perder o controle". Um homem comentou que sua doença lhe causava grande transtorno. Começou a fazer uma encenação, que estava acabando com ele. Nenhum de seus vizinhos sabia o quanto ele estava doente. Perdia os sentidos toda vez que andava pela sua sala de visitas e tinha de ser levado para a cama. Mas ficava ali a noite toda, juntava seus pedaços e saía na manhã seguinte. Ele não tinha controle algum; só estava negando e fingindo.

Se quiser adquirir algum controle, enfrente seus medos, como o medo de "morrer aos poucos". O que isso significa? Talvez, num certo sentido, a gente morra aos poucos quando está em conflito. Resolva seu conflito. Morrer aos poucos pode levá-lo a avaliar seu valor e sua força. Quanto ainda vale a pena viver? Você morre se não puder trabalhar, ou andar? Vale a pena viver se você puder ver sua família e ser amado uma hora por dia? Essas são perguntas que você é capaz de responder, e pode concluir que não há minutos suficientes para desfrutar a vida. Entenda que, se estiver pronto para morrer, tudo bem. Se esta for a sua opção e se você estiver pronto para deixar seu corpo, pode morrer em casa, cercado por seus entes queridos, que não decepcionará ninguém.

Marilynn Rivest, uma jovem assistente social, com câncer de mama, participou de nossos grupos de pacientes extraordinários de câncer. Ela me ajudou a organizar muitas conferências. Disse-me que estava indo para a Flórida para morrer entre seus amigos. Quando chegou lá, um deles trabalhava com crianças autistas e golfinhos. Ele conseguiu fazer com que ela entrasse na água com os golfinhos. Seu amor, seu afeto e sua delicadeza produziram mudanças nela e prolongaram sua vida. Ela descobriu beleza e paz em sua relação com os golfinhos; aprendeu muito com eles. Muitos anos depois, quando estava cansada e pronta para partir, voltou para sua casa em Connecticut. Ela me telefonou, certa noite, para dizer que estava tendo dificuldade em morrer. E eu lhe disse: "Mas, que coisa mais engraçada. Nunca tinha recebido um telefonema de um golfinho". Na manhã seguinte, seus pais ligaram e agradeceram-me, pois ela morrera tranqüila e em paz aquela noite.

Portanto, seja um golfinho, se quiser. Volte-se para seus instintos, para aquela parte sua que sabe viver e que sabe morrer. Não permita que os conhecidos se intrometam. Não deixe que lhe digam o que é certo ou errado para você. Viva sua vida, que você não morrerá aos poucos. Quando estiver pronto para morrer, você morrerá.

Vejo isso em nossos grupos de ECaPs; mais de 90% dos participantes desses grupos, que morreram, não morreram num hospital. Por que não? Bem, para que serve um hospital? Para resolver questões e problemas da vida, para enfrentar dificuldades físicas e emocionais e ajudá-lo em seu processo de morte — um papel muito digno e muito importante. Mas, se você viveu plenamente, morrer não é problema. Por isso, os membros de nossos grupos que viveram plenamente compartilharam tudo isso e, quando estavam prontos para morrer, morreram. Bem, isso pode levar um dia ou uma semana, porque podem estar esperando alguém chegar para visitá-los. Mas não é um processo lento, é um processo de consumação.

Outra mulher perguntou-me: "Como receber bem a morte quando ela parece a suprema perda de controle?"

Segundo minha definição, a morte não é "perda de controle". Vivemos a dádiva da vida, uma dádiva que estamos procurando aproveitar ao máximo. Nunca temos o controle de coisa alguma. Isso não significa que não temos responsabilidade e que não vivemos plenamente.

Mas ter controle é uma ilusão. Tudo quanto podemos controlar são nossos pensamentos. As escolhas são nossas. Como disse a enfermeira que assistia parturientes e trabalhava com doentes terminais, a morte é uma transição, como o nascimento.

Alguns de nós procuram evitar a mudança. Mas a mudança é inevitável. A velhice é inevitável. Eu diria, enfrente-as e aproveite-as. Se voltasse a viver uma hora, que idade você teria? Você não tem idade. Está desfrutando o momento. A maioria de nós não aceita isso.

Bem sei que, à medida que envelheço, já não corro tão depressa como corria antes. Mas eu posso participar e usufruir dessa atividade como se fosse uma criança. Assim, de certo modo, a paz que acompanha a atividade, com o significado do dia, impede você de só ficar pensando na morte. Se você me perguntar qual o melhor dia de minha vida, lhe responderei: "Hoje".

Participei de três maratonas em minha vida e treinei para quatro. Da segunda vez, treinei demais, me contundi e, não pude participar. Mas, em 1991, a terceira vez que corri, treinei de maneira mais sensata. Corri com minha nora Judy, que é uma jovem médica, e nosso filho Jonathan, advogado. Judy sabia que uma das razões de eu estar correndo outra vez era para ouvir a mulher que gritava: "Todos vocês são vencedores!" Ela estava lá, novamente, naquele ano. Judy também a ouviu e aquilo me ajudou a ganhar o dia.

Eu já comentei que Deus nos envia sinais quando estamos no caminho certo. William Saroyan, em *The human comedy*, cita uma cena em que dois irmãos estão descendo uma rua. Um cutuca o outro e aponta para uma moeda com a efígie de Lincoln para cima:

"Uma moeda", disse Homero. "Pegue-a, Ulisses, dá sorte. Não a perca." E Ulisses pega a moeda. Olha à sua volta, e vê que lhe sorriem por causa de sua boa sorte.

Quando eu estava prestes a começar a primeira maratona, com quarenta quilômetros pela frente, senti que precisava de um sinal de que eu estava no caminho certo, e encontrei uma moedinha embaixo dos pés na linha de partida, e depois outra, muitos quilômetros adiante. Por isso, dessa vez olhei de novo, perguntando-me se eu encontraria os meus 26 centavos (mostro minha loucura para os outros, não tenho medo). Acredite se quiser, mas, na grama, junto com 25 mil pessoas, antes de a corrida começar, encontrei uma moedinha de um centavo. Achei que teria pouca chance de encontrar uma moeda de 25 centavos nas ruas de Nova York, mas, muitos quilômetros adiante, à nossa frente no percurso da maratona, estava a moeda de 25 centavos. Gosto de pensar nisso, também, como um sinal de que eu estava no meu caminho certo e que Deus estava brincando um pouco comigo.

Tenho orgulho de dizer que 21 mil pessoas concluíram a corrida antes de mim. Tenho orgulho por saber que a participação, a alegria por nós três termos alcançado juntos a linha de chegada, foram os grandes prêmios da corrida. Fred Lebow, o organizador da maratona, declarou que admira muito as pessoas que levam cinco horas para chegar, pois para elas é bem mais difícil.

Da quarta vez, corri para comemorar meu sexagésimo aniversário. Fred Lebow, que tivera câncer cerebral três anos antes, também correu e inspirou as pessoas a correr para levantar fundos para tratamentos e pesquisa do câncer. A paixão entra em cena quando sofremos. Fred Lebow recebeu mais de duas mil cartas de congratulações por correr, após ter-se submetido a um tratamento de câncer.

Dessa vez corri sem companhia, para estar a sós comigo mesmo. Jon e Judy terminaram antes de mim. Fui o número 22 530, mas só 545 pessoas de minha idade participaram. Dentro de minha faixa etária, eu estava bem no meio.

Mais uma vez, descobri que somos todos vencedores.

O que sei a respeito de acolher a morte é que minha hora vai chegar. Vou ficar triste por ter de dizer adeus à minha família, à vida, às flores. Ao olhar à minha volta, agora, vejo que estou cercado de beleza, cercado pelo céu e pela criação. Não quero ir embora, mas, se a certa altura eu não quiser mais fazer parte de todo esse esplendor, se meu corpo não estiver em boas condições, se eu for a flor ou a folha que está pronta para cair, vai estar na hora.

E assim, vou dar o próximo passo, entrar na fase seguinte, que será partir. Creio que existem outras coisas à nossa espera, e que de fato assumimos outra forma depois de deixar o corpo. Parece-me incrivelmente estimulante ir em frente, começar uma nova aventura. Por isso, acolho a experiência da morte, embora ela me entristeça; espero poder mergulhar nela com tanta elegância quanto alguns de meus entes queridos e participantes de meus grupos.

Gostaria de ter condições de encará-la como um desafio. Quando treino e corro numa maratona, enfrento a mim mesmo e ao meu corpo. Quero ver a morte da mesma forma, enfrentá-la, encará-la. Na ocasião em que ela ocorrer, espero ter deixado de ter medo de tudo, inclusive da própria morte. Se eu conseguir isso, estarei pronto. Se estiver deixando coisas incompletas, aí sim, ficarei aflito. Talvez um quadro que desejo pintar, alguém com quem gostaria de conversar — é possível que eu morra fora de hora. Conhecendo-me como me conheço, é bem provável. Mas vou fazer o diabo para estar com tudo em dia, para que quando a morte chegar e bater à minha porta, eu possa dizer: "Alô, amiga, estou sofrendo. Tome-me em seus braços, abrace-me. Estou pronto para partir com você".

Para mim, o surpreendente é que, quando era professor numa faculdade local — na Southern Connecticut State University — na primeira aula, pedi a todos os alunos que preenchessem seus atestados de óbito. Fiquei surpreso ao ver aqueles jovens redigindo seus atestados de óbito, assinalando que morreriam com trinta, quarenta ou cinqüenta anos, de todos os tipos possíveis, de mortes trágicas. No meu atestado de óbito, consta que morrerei aos noventa e oito anos. Estarei subindo uma escada para consertar o telhado e toda a família vai estar presente, por ser meu aniversário; eles vão gritar, censurando-me por estar lá em cima, tentando arrumar as telhas com aquela idade. E eu acabo caindo da escada e morrendo.

Há pouco tempo, tive motivos para lembrar-me do que eu escrevera no meu atestado de óbito naquela aula. Como me conheço bem demais, seria melhor começar a mudar alguns hábitos.

No feriado de 4 de Julho, fizemos um piquenique na casa de nosso filho Jeffrey e, quando voltamos para casa, Bobbie entrou para tirar uma soneca. Eu encostei nossa velha escada de madeira na parede da garagem; ela parecia em perfeitas condições. Subi até o telhado para cortar um galho de árvore e levava um serrote na mão. Quando desci a escada e colocava o pé no primeiro degrau, a madeira cedeu. Parece que uma parte estava podre, e ao apoiar meu peso naquela extremidade o degrau não resistiu e eu caí de uma altura de quatro ou cinco metros. Não me lembro da queda, mas tenho certeza de que minha vida não passou como um filme na minha frente, nem houve nada de espiritual. Eu só exclamei, "Ai, meu Deus", e desabei. Não consegui segurar-me na escada, e meus pés e costas bateram direto no chão. A primeira coisa que me recordei depois foi de minha cabeça batendo no piso da entrada da garagem. Fiquei completamente zonzo durante vários minutos e nem me mexi. Tive uma concussão moderada. Mas o que percebi mais uma vez foi a incerteza da vida. Se os meus pés tivessem ficado presos na escada e eu tivesse batido primeiro com a cabeça, em vez de cair de pé, talvez não estivesse aqui escrevendo este livro. Por isso acho que todos precisamos ter consciência de que a vida é incerta e temos de procurar vivê-la com plenitude.

Lembro-me, também, de outra experiência da proximidade da morte. Quando eu tinha quatro anos de idade, por causa de uma infecção no ouvido, estava sentado na cama. Eu havia quebrado meu telefone de brinquedo. Obviamente, não se tratava de um brinquedo muito seguro. Coloquei os pedaços na boca porque vira carpinteiros e operários fazerem aquilo. Os homens grandes. Era assim que trabalhavam. Portanto, enchi a boca com pedaços do brinquedo, tentei engoli-los e comecei a sufocar. Sentia-me completamente tranquilo, e ainda me recordo da sensação enquanto estava ali sentado. Eu sabia que morrer não era problema. Mesmo com quatro anos de idade. Tive uma percepção muito mística daquele momento. Mas fiquei chateado porque sabia que minha mãe — que via na cozinha, mas não conseguia chamar — entraria no quarto, me veria ali morto e diria: "Mas, que menino danado, ele morreu!" Foi isso que senti, como se estivesse sendo muito mau por morrer. Um bom menino não faz isso (a culpa não é uma maravilha?).

De repente, vomitei, todos aqueles pedaços saíram voando, e consegui respirar de novo. Também tive a sensação de que alguém resolvera que eu não deveria morrer naquele momento — talvez a mesma energia, força, Deus, que me salvou quando caí da escada.

De qualquer forma, Jeffrey comprou-me uma escada nova — muito mais bem feita. Não enferruja, não apodrece e não conduz eletricidade. Tenho certeza de que vai durar mais do que eu.

## Morrer na Hora Certa

Os mais variados tipos de sinais — em sonhos, poemas e desenhos — indicam que as pessoas recebem premonição da morte. Lembro-me de um poema publicado em nosso jornal local. Ele foi escrito por uma pessoa que morreu quando um jato comercial perdeu uma porta. O poema, escrito semanas antes do vôo, falava de ser sugado por um vácuo e cair no mar. Quando lê os versos, você pensa, "Uau! Ele sabia".

Acidentes acontecem, mas às vezes escolhemos a hora de morrer. Temos uma confirmação disso ao ler um artigo chamado "Adiamento da morte até ocasiões simbolicamente significativas", publicado pelo *Journal of the American Medical Association*. As estatísticas mostram que, em todas as culturas, um número maior de pessoas morre depois do aniversário e das férias. Quando temos algo pelo que esperar, continuamos firmes. Há uma vontade dentro de nós e uma luta para fazer parte de eventos significativos. Ouvi uma pessoa dizer: "Vou morrer às 14 horas, depois que os meninos chegarem da Califórnia". E foi o que de fato aconteceu.

Outras pessoas sonham que estão pegando um avião ou morrendo num certo dia, ou numa sala de cirurgia. E essas coisas acontecem com tanta freqüência que eu sei que temos uma percepção intuitiva.

Se receber mensagens desse tipo, não pegue o tal avião. Não faça a operação num determinado dia, se você sonhou que ia morrer na mesa de cirurgia na quinta-feira. Uma senhora sonhou que "Quinta-Feira" estava impresso em sua lápide. Não a operamos na quinta, o que fez com que ambos nos sentíssemos melhor.

Recebi uma carta de um homem que escreveu: "Morrer na Hora Certa" no envelope. Não sei se alguém realmente morre baseado num horário externo, mas, sim, em sua programação pessoal.

Uma enfermeira escreveu-me da França, falando a respeito de um homem de trinta anos, acometido por extenso tumor maligno, que queria ver a filha no dia da sua Primeira Comunhão. O grande dia chegou, conta ela, e a filha veio visitá-lo com a roupa que usara na cerimônia. Ele parecia totalmente feliz, apesar de seu estado, e "morreu no dia seguinte, tendo alcançado seu objetivo".

Quando você atinge sua meta, as coisas se encaixam em sua programação pessoal. Isso não significa que queremos morrer, mas que há um ponto onde deixar nosso corpo, e é o passo seguinte da terapia.

Uma mulher, chamada Patricia Zacharias, contou-me que seu pai sofria de câncer, mas ninguém queria aceitar o fato. Depois de ler meus livros, ela reuniu todos os familiares e amigos e deu a entender ao pai que morrer não significava abandoná-los. Choraram, abraçaram-se, beijaram-se e demonstraram seu amor pelo resto de seus dias. O pai sentiu-se sereno. Começara a viver experiências "fora do corpo". Escreveu-me o seguinte:

Ele redigiu o testamento e organizou o funeral. Queria até saber que roupa usaria no enterro. Sugeriu sua jaqueta esportiva verde e queria que lhe prometêssemos que lhe calçaríamos seus tênis Nike, pois haviam sido seus melhores companheiros nos últimos meses de caminhada... Durante as derradeiras semanas, sentia que estava passando por um longo túnel, onde divisava uma luz brilhante, cheia de lindas cores no final. Era fascinante para mim, pois meu pai nunca se expressara dessa maneira.

Outra mulher conta que seu filho de catorze anos, Thomas Connor, escreveu uma semana antes de morrer, como parte de uma redação da escola:

Algumas pessoas acham que a morte é um grande alívio; pensam na vida como um castigo e que a morte representa uma "prisão melhor", quando terminam todos os sofrimentos da vida... Mas a vida tem mais altos do que baixos... No fim, você dá as boas vindas à morte, não como uma fuga da vida e de todas as suas durezas, mas como a recompensa final de todos os seus altos e baixos.

Uma semana depois da morte de Thomas Connor, um ministro falou dele em seu sermão. Ele não conhecera Thomas, conta a mãe, mas "se o tivesse conhecido, saberia que ele sempre se lembrava de dizer obrigado quando estava saindo porta afora". O ministro disse à congregação:

Deus dá uma nova vida a todas as almas. E Deus ergueu os olhos e viu uma alma à sua frente e disse: "É uma vida curta, só quatorze anos, mas são belos anos". E a alma respondeu: "Certo. Tudo bem. Fico com ela". E, num instante, estava lá fora, correndo morro abaixo em direção aos portões. E, com a mesma rapidez com que partiu, parou e voltou-se para Deus, cujos olhos o acompanhavam, "Obrigado", gritou. "Obrigado".

Uma mulher escreveu-me a respeito de seu pai:

Sua doença continuava avançando, mas senti que ele se manteve vivo mais quatro meses por causa dos dias especiais dos quais queria participar... Durante duas semanas, não parou de falar do grande dia que logo chegaria. Tivemos um lindo aniversário, com um ótimo jantar, champanhe e bolo, tudo servido com o maior carinho por minha irmã. Ele comeu, e parecia bem. Depois (da comemoração), ele foi para a cama, de onde não se levantou mais. Sofreu dores horríveis durante cinco dias antes de morrer. Ele se perguntava por que não morria e a única explicação era que os anjos não lhe tinham aparecido ainda. Concluímos que o motivo pelo qual o Senhor ainda não o levara era que estava preparando-nos para que aceitássemos sua ausência e o liberássemos para Ele. Naquela quinta-feira ele reanimou-se, conversou o dia inteiro, mostrou uma força incomum para seu estado, compartilhou seu amor conosco e com Deus de forma muito direta. Tivemos a oportunidade de nos beijar e chorar juntos. Naquela noite, dois anjos lhe apareceram aos pés da cama. Ele nos disse que não estaria aqui no dia seguinte e morreu às 11h25 minutos.

Tenho certeza de que o fato desse homem não ter sentido dores tenha se relacionado com a ausência de conflitos e a paz que todos os envolvidos sentiram. Diga-me: uma bala na cabeça ou respirar monóxido de carbono podem fazer isso por uma família?

## Medidas Extraordinárias

Numa conferência recente, perguntaram-me: "O que você acha da eutanásia?" De certa forma, nunca achei o suicídio ativo uma boa idéia. Quando o corpo está cansado e não funciona mais, acho que está na hora de partir, de parar de alimentar esse corpo e deixá-lo morrer. Isso é diferente de encostar um revólver na cabeça. Creio que a mensagem deixada pelo suicida à família é a de que desistimos diante da adversidade.

Quando você morre naturalmente, deixa algo atrás de si. O suicídio deixa um vazio e não ensina nada a respeito da vida ou de como viver.

Não gosto de ver as pessoas cometendo suicídio em função de seus medos. Não sou contra ajudar as pessoas a morrer, quando já expressaram, de alguma forma: "Estou sofrendo e pronto para ir embora". Nós ajudamos não deixando a família nem as enfermeiras gritarem para o doente: "Termine seu almoço!" Um homem disse-me: "Estou no hospital para morrer. Por que tenho de terminar meu almoço?" Ou, então, as ajudamos, sedando-as para que não sintam dor, para que possam relaxar e descontrair-se. Nesse sentido, já ajudei as pessoas. Já as ajudei a liberar-se da culpa e a não se sentirem fracassadas.

Acho que se as opções e o poder fossem devolvidos às pessoas, poderíamos deixar de nos preocupar com a necessidade de cometer suicídio, pois todos temos medo de contrair o mal de Alzheimer ou de sofrer dores insuportáveis.

Não tenha medo do futuro — esta é a mensagem. Quando estiver pronto, informe todos os outros. Lembre-se, quando os irlandeses que entraram numa greve de fome estavam morrendo de inanição, sem comer nem beber, levaram cerca de 23 dias para morrer. Bem, se você parar de comer e beber, e morrer em 23 dias, do que é que está com medo? O que pode acontecer?

O que pode acontecer é que as pessoas podem entrar, enfiar-lhe um tubo goela abaixo e começar a alimentá-lo à força e impedi-lo de morrer. Bem, nesse caso, faça um testamento, diga a todos o que você quer e aí não vai precisar cometer suicídio. Você pode simplesmente parar de viver e deixar o processo completar-se.

Essa é parte do problema para muita gente. Quando um livro que ensina como cometer suicídio torna-se um sucesso de vendas, temos de entender que as pessoas acham que perderam seu poder. Ficam tão preocupadas com a questão de viver que têm medo de não ter controle sobre sua morte. O que o suicídio diz à sua família? Qual a dádiva proporcionada pela morte proveniente da inalação de monóxido de carbono?

Também já me perguntaram sobre o outro lado da moeda: "Em que situações os médicos devem tomar 'medidas extraordinárias' para prolongar a vida?"

Quando você pensa no assunto, até um transplante do coração pode ser considerado uma medida extraordinária. Começamos este século dizendo: "Deus, salve-nos da difteria". Estamos a terminá-lo implorando: "Deus, consiga-me um doador para o transplante do coração". O que é uma medida extraordinária? Eu diria que tem muito a ver com o indivíduo. Se eu ainda sentir que sou capaz de amar e fazer uma contribuição para o mundo, sim, gostaria que fossem tomadas medidas extraordinárias para manter-me vivo.

Sei de um caso em que um juiz se recusou a permitir que uma senhora em coma morresse, quando o marido e o médico lhe fizeram o pedido. Hoje, essa senhora está bem de saúde e vivendo normalmente. Considero justo usar medidas de manutenção da vida para que as pessoas continuem aqui.

Por outro lado, se eu estiver cansado e com dores, uma injeção intravenosa pode ser uma medida extraordinária; mas também posso recusar-me a tomá-la.

Portanto, o rótulo "extraordinário" tem a ver com o estágio que o indivíduo atingiu em sua vida. Há coisas que, enquanto médico, não faria por uma criatura de noventa anos e que faria com a maior facilidade por uma de dez. Também já tentei ressuscitar um velhinho de noventa anos, porque sabia que ele estava disposto a continuar lutando pela vida.

A American Association of Retired Persons cita que o tratamento de câncer para idosos deve ser diferente do indicado aos mais jovens, e que talvez os velhos não estejam sendo tratados de maneira adequada. Acho que isso tem muito a ver com o indivíduo, com as "dores do parto" que a pessoa está disposta a suportar com sua idade. Não se trata apenas de acusar a classe médica por não cuidar das pessoas da melhor maneira possível. Talvez os médicos pensem nos velhos como pessoas e estejam sendo um pouco menos agressivos porque o tratamento pode ser pior do que a doença.

O melhor seria que cada um de nós fizesse uma lista do que considerasse "extraordinário" e a entregasse à família e aos médicos, quer tratando-se de respiração artificial, transplantes, alimentação/intravenosa ou mil outras coisas. Assim, no mínimo, damos às pessoas uma idéia de qual é nossa filosofia e o que consideramos importante para nossa vida, pois um doente pode ser trazido de volta e perguntar: "Por que fizeram isso? Eu queria morrer!", enquanto outro, que perdeu um membro ou está paralítico, ainda pode contribuir para o mundo e sentir-se feliz por estar vivo.

## O Amor Fica Conosco

"Em essência, levamos conosco o amor recebido, muito depois de a fonte desse amor ter saído de nossa vida", diz John M. Schneider num artigo publicado pela *Noetic Sciences Review*:

Foi Gandhi quem disse que o pesar pela perda de um ente querido talvez seja nossa maior ilusão, pois conservamos dentro de nós o caráter essencial desse relacionamento. É só a forma, não a substância, que se perde: eis algo que a maioria de nós só consegue entender depois da experiência e do luto, e não como um substituto do luto.

Em nossas reuniões de grupo, na semana seguinte à morte de alguém que viveu de verdade tem provocado desafios e sofrimento: já senti um calor, uma totalidade e uma plenitude na sala, mesmo depois que a pessoa já se foi. E quando isso não acontece, sinto um vazio, porque não podemos completar a vida de alguém que partiu.

Michael Lidington, o jovem a quem me referi, que teve uma recorrência de câncer, escreveu um poema e pediu a seu irmão Ryan que o lesse em seu funeral, como sua última mensagem:

# Desafio

Não há uma hora
Em que um homem pode ser homem?
Em que uma mulher pode ser mulher?
Em que ambos podem viver sem o mundo?

Vejo um mundo de futuras calamidades;
Vivo uma fantasia de tempos antigos
As pessoas não se importam com sedas e ouro
Com o mal dos outros, ou com palavras.

Cheguei nesse mundo estranho, sem distinguir o alto e o baixo,
É um mundo de independência, em que é preciso amar.
Faça o que eu fiz, desafie o mundo
Nada é ponto pacífico, saiba para onde voltar.

Libere-se de todos os limites físicos, não confie em nada,
Este mundo material não existe sem o amor de Deus.
Muita gente gosta de você, senão não estaria ao seu lado
Creia-me, qualquer coisa é melhor do que não ter ninguém.

Enxugue as lágrimas, para mim está ótimo.
Faça o que fiz, enfrente o maior desafio de sua vida.
Sabe, venci o desafio, ganhei a parada.
Logo estarei num lugar melhor, sem ódio nem doenças.

Sempre estarei a seu lado, por isso não quero ver lágrimas
em seu rosto.
Você *pode* vencer o mundo,
Portanto, Desafie-o. EU DESAFIO VOCÊ.

Michael Charles Lidington morreu em paz, em sua casa. Ele tinha quinze anos de idade. Após a elegia, canções e poemas escritos para ele, a última palavra foi dele.

A professora C. Regina Kelley, escultora que dá aulas no Maine College of Art, começou um projeto nos Hospice Programs (Programas Hospitalares) de sua área. Diz ela:

Nas culturas tradicionais, as pessoas procuram o curandeiro, não apenas por causa delas mesmas, mas para restaurar a harmonia de sua família e comunidade. Quando você considera a doença por esse ângulo, a recuperação acontece muitas vezes, mesmo que o paciente morra.

Eis aí uma coisa que já vi muitas e muitas vezes. A plenitude é algo que pode ser deixado para trás. Famílias inteiras podem recuperar-se com o processo de morte de alguém, em virtude do que a pessoa criou no plano espiritual, assim como, às vezes, o fez no plano físico.

Se quiser viver para sempre, ame alguém.

# Uma Conclusão Feliz

Agora quero contar-lhe as duas histórias que contribuíram para minha compreensão sobre o sentido da vida e o porquê de estarmos aqui. Uma delas refere-se a meu pai, que morreu recentemente.

Quando ele morreu, no dia 23 de junho de 1991, descobri que somos capazes de realizar todas as coisas de que estamos falando. Ele morreu às 15 horas, num domingo, com um sorriso nos lábios, cercado por todas as pessoas que o amaram e que podiam estar presentes. De manhã, quando nos aproximamos da beira de sua cama, pedi a minha mãe que me contasse toda a história deles, como haviam se conhecido, o que os levara a se unir e gerar esta família. E ela começou a contar uma história deliciosa.

Na ocasião em que passava férias com sua família em Coney Island, Nova York, ela sentara-se na praia, ao lado de algumas moças que não conhecia. "Depois fiquei sabendo que tinham má fama", disse ela. Meu pai, também de férias com a família, veio para a praia com alguns jovens adolescentes, e tiraram a sorte com uma moeda para ver quem se aproximaria primeiro das moças. E minha mãe continuou: "Seu pai perdeu e ficou comigo". Bem, aquilo nos fez rir muito. Reparei que a cor de meu pai melhorava com as histórias, e um sorriso apareceu-lhe nos lábios. Tive a sensação de que ele abriria os olhos a qualquer momento e diria: "Mudei de idéia, isto aqui está engraçado demais. Resolvi não morrer hoje".

Mas, finalmente, nossa filha Carolyn chegou. Era a última pessoa que esperávamos pois os outros netos estavam espalhados por várias partes do país. Meu pai não tinha consciência disso, porque estava em estado de semicoma, mas acredito que, num nível mais profundo, sabia quem havia chegado. Bobbie murmurrou: "Carolyn está aqui". Naquele momento, meu pai expirou pela última vez e morreu, sorrindo.

Foi uma dádiva para todos nós, principalmente para os filhos e netos, que agora não têm razão para temer a morte. Um de nossos filhos perguntou-me se a morte era assim mesmo. E eu lhe disse: "É como deve ser, mas, infelizmente, em geral não é".

E agora peço-lhe que reflita no que deve fazer para morrer com um sorriso nos lábios. A resposta é simples. Você está rodeado pela família e pelos amigos, volta-se para eles e diz: "Conte-me histórias de nossa vida". Bem, se houver um silêncio mortal, você ficará em apuros. Por isso, aconselho-o a fazer agora uma daquelas maravilhosas coisas infantis de que todos se lembrarão e guardarão. Claro que a chave para isso, assim como para viver entre as consultas ao médico, é viver o momento, não entre uma coisa e outra, nem num sentido limitado, mas exatamente agora.

Essas lembranças de meu pai aliviaram o meu pesar. Houve outra coisa importante. Num *workshop*, uma mulher deu-me um livro chamado *Poems that touch the heart*, compilados por A. L. Alexander. Um dia, cerca de uma semana depois da morte de meu pai, eu estava sofrendo a dor, o luto, a perda, quando peguei esse livro e o abri. A história que surgiu diante dos meus olhos chamava-se "The dark candle", de Strickland Gillilan.

Tratava-se de um homem incapaz de fazer qualquer coisa depois que sua filha morreu. Ele simplesmente não conseguia animar-se com nada. Uma noite, ele vai dormir e sonha que está no Céu, onde todas as crianças estão desfilando com velas acesas. Ele vê uma criança andando com a vela apagada.

Corre até a criança e, ao aproximar-se, percebe que é sua filha. Quando chega bem perto, diz a ela: "O que aconteceu, meu bem, que só a sua vela está apagada?". E ela lhe responde: "Papai, eles a acendem com freqüência, mas suas lágrimas sempre a apagam de novo".

Essa história tirou-me um peso dos ombros e ajudou-me a tocar a vida.

Descobri que a alegria é o melhor tipo de recordação. Pense naquilo que você pode fazer para morrer com alegria no coração, sabendo que viveu plenamente e que fez tudo o que deveria fazer.

O que estou lhe pedindo é que comece a ser, e pare de representar. Não represente, seja. Crie comunidades curativas com seus médicos, com seu companheiro, amante e amigos, para que seu casamento, seus amores e suas amizades se transformem em relacionamentos curativos, em que onde algo maior é criado, a fim de que deixemos de nos esconder e enterrar nossos sentimentos.

Sei que você pode continuar seu processo de recuperação e dar à luz a si mesmo. O trabalho de parto talvez seja difícil, mas se houver alguém a seu lado quando estiver sofrendo, a dor será muito menor. Você responde a esse amor, a esse carinho, a esse apoio.

Em sua jornada, lembre-se de que Deus está presente. Se não se sentir à vontade com a palavra *Deus*, substitua-a por *Amor*, porque, quando você ama, Deus faz parte de sua vida, tenha sido ou não convidado.

E quando estiver cansado, lembre-se de que só é preciso soltar-se.

183

# Permissão de reprodução

Agradeço profundamente a permissão de reproduzir:

Trecho de *The Collected Works* de C. G. Jung, obra traduzida para o inglês por R.F.C. Hull, Bollingen Series, volume 10: *Civilization in Transition*. Copyright © 1960, Princeton University Press.

Trecho de *Memories, Dreams, Reflections*, de C. G. Jung, copyright © 1961, 1962, 1963, Random House, Inc., obra publicada por Pantheon Books, uma divisão da Random House, Inc.

Trecho de *Health and Medicine in the Jewish Tradition: L'Hayyim — to life*, do rabino David Feldman, copyright © 1986, do Lutheran Institute of Human Ecology. Reimpresso com permissão de The Crossroad Publishing Company.

Trechos de *Helath and Medicine in the Catholic Tradition: Tradition in transition*, de Richard A. McCormick, copyright © 1984, do Lutheran Institute of Human Ecology. Reimpresso com permissão de The Crossroad Publishing Company.

Trechos de "Spirit: Resource for Healing", de Rachel Naomi Remen, artigo publicado pela *Noetic Sciences Review*, outono de 1988, copyright © 1988, de Rachel Naomi Remen. Reimpresso com permissão de Rachel Naomi Remen, M.D.

Trecho de "The Transformative Power of Grief", de John M. Schneider, Ph.D., artigo publicado pela *Noetic Sciences Review*, outono de 1992, copyright © 1992, Institute of Noetic Sciences. Reimpresso com permissão do Institute of Noetic Sciences.

Trecho de "Pop Out of Your Life Drama", de Carol Guion, artigo publicado pela *Noetic Sciences Review*, outono de 1992, copyright © 1992, Institute of Noetic Sciences. Reimpresso com permissão do Institute of Noetic Sciences.

Versos do poema "The Death of the Hired Man", de Robert Frost, em *The Poetry of Robert Frost*, editado por Edward Connery Lathen. Publicado por Henry Holt & Company, Inc., 1969.

Trecho de "Death of a Salesman", de Arthur Miller, copyright © 1949, reedição em 1977 de Arthur Miller. Usado com permissão de Viking Penguin, uma divisão da Penguin Books, USA Inc.

Trechos de *My Book for Kids with Cansur*, de Jason Gaes, copyright © 1987, de Jason Gaes. Reimpresso com permissão de Melius Publishing Corporation - 1-800-882-5171.

Trecho de *Patient encounters: The experience of disease*, de James Buchanan (Charlottesville: Virginia, 1989). Usado com permissão da University Press of Virginia.

Trecho de *The Direction of Human Development*, de Ashley Montagu, capítulo 12, pp. 288-317, copyright © 1970. Publicado por Hawthorn Books. Reimpresso com permissão do autor.

Trecho de *Mainstay*, de Maggie Strong, copyright © 1988, de Maggie Strong. Publicado por Little, Brown & Company.

Trechos de "First Day", de Robert E. Murphy, artigo publicado por *The Journal of the American Medical Association*, 10 de março de 1989, v. 261, nº 10, pp. 1509. Copyright © 1989, American Medical Association.

Trecho de "A Doctor in Her House", de Bernadine Z. Paulshock, M. D., artigo publicado por *The Journal of the American Medical Association*, 8 de janeiro de 1992, v. 267, pp. 297. Copyright © 1992, American Medical Association.

Trechos de *Return of the Rishi: A Doctor's Search for the Ultimate Healer*, de Deepak Chopra. Copyright © 1988 de Deepak Chopra, M. D. Reimpresso com permissão de Houghton Mifflin Co. Todos os direitos reservados.

Trecho de "Write Till You Drop", de Annie Dillard, artigo publicado em *The New York Times Book Review*, 28 de maio de 1989, copyright © 1989, de Annie Dillard.

Trecho de *Who Needs God*, de Harold Kushner. Copyright © 1989, de Harold S. Kushner. Reimpresso com permissão de Summit Books, uma divisão da Simon & Schuster, Inc.

Trecho de *Down from Troy: A Doctor Comes of Age*, de Richard Selzer. Copyright © 1992, de Richard Selzer. Reimpresso com permissão de William Morrow & Company, Inc.

Trechos de *Intoxicated by my Illness*, de Anatole Broyard. Copyright © 1992 do espólio de Anatole Broyard. Reimpresso com permissão de Clarkson N. Potter, Inc., uma divisão da Crown Publishers, Inc.

Trecho de "Ode to Healing", de John Updike, em *Facing Nature*, de John Updike, copyright © 1985 de John Updike. Reimpresso com permissão de Alfred A. Knopf, Inc.

Trechos de *An Open Life: Joseph Campbell in Conversation with Michael Toms*. Copyright © 1988 de Phil Cousineau. Reimpresso com permissão de HarperCollins Publishers Inc.

Trechos de *The Hero's Journey*, de Joseph Campbell, editado por Phil Cousineau. Copyright © 1990, de Diane Osbon e da Joseph Campbell Foundation. Reimpresso com permissão de HarperCollins Publishers Inc.

Trechos de *A Joseph Campbell Companion*, editado por Diane Osbon. Copyright © 1992 de Diane Osbon e Joseph Campbell Fundation. Reimpresso com permissão de HarperCollins Publishers Inc.

"The Religio-Psychological Dimension of Wounded Healers", de James A. Knight, M.D., B.D., M.P.H., em *Psychiatry and Religion: Overlapping Concerns*, editado por Lillian H. Robinson, M D. Reimpresso com permissão da American Psychiatric Press, Inc., Washington, D.C.

Trecho de *Journey to Ixtlan*, reimpresso com permissão do autor, Carlos Castañeda, e de seu representante, Tracy Kramer, Toltec Artists, Inc., 183 North Martel Avenue, Suite 220, Los Angeles, California 90036. Publicado originalmente em *Journey to Ixtlan*, copyright © 1972.

Trechos de *The Human Comedy*, copyright ©1943, reeditado © 1971 por William Saroyan, reimpresso com permissão de Harcourt Brace & Company.

# ECaP

## (Pacientes Excepcionais de Câncer)

ECaP [Exceptional Cancer Patients — Pacientes Excepcionais de Câncer] é uma organização sem fins lucrativos, fundada pelo dr. Siegel em 1978. Na região de Connecticut, a ECaP apresenta um programa clínico, com sessões de grupo de apoio dirigidas por psicoterapeutas. O programa é destinado a pacientes de câncer, Aids e outras doenças crônicas ou fatais, como complemento dos tratamentos médicos de sua escolha. Além disso, todo ano a ECaP patrocina vários *workshops* conduzidos pelo dr. Siegel, abertos a qualquer pessoa, com ou sem problemas de saúde.

A ECaP oferece *workshops* para treinar dirigentes de grupos de apoio, além de consultas com profissionais da saúde.

A ECaP publica um guia de recursos terapêuticos com dados valiosos, incluindo a programação de *workshops* do dr. Siegel, informações médicas e mais de 150 endereços de serviços de apoio e postos regionais onde é possível obtê-los.

Todos os livros, fitas de vídeo e fitas cassetes do dr. Siegel podem ser encomendados através da ECaP. A ECaP também dispõe de outros excelentes livros e fitas de visualização dirigida voltadas para a saúde, de autoria de outros especialistas da área de saúde. Para fazer uma encomenda, peça um catálogo grátis dos livros e fitas, e se quiser mais informações, por favor escreva ou telefone para:

ECaP
1302 Chapel Street
New Haven, CT 06511
(203) 865-8392

# Bernard S. Siegel

Prefere ser chamado apenas de Bernie, cursou a Colgate University e a Cornell University Medical College. Sua formação de cirurgião deu-se no Yale New Haven Hospital e no Children's Hospital of Pittsburgh. Praticou cirurgia geral e pediátrica em New Haven, Connecticut, até 1989, quando se aposentou.

Em 1978, Bernie fundou o grupo Exceptional Cancer Patients (ECaP), uma forma específica de terapia individual e de grupo, na qual se utilizam sonhos, desenhos e imagens espontâneas ou dirigidas criados pelos próprios pacientes. A ECaP baseia-se no confronto amoroso, uma relação carinhosa, segura e terapêutica que facilita a mudança pessoal e favorece a cura. A experiência de Bernie motivou-lhe o desejo de tornar todas as pessoas conscientes de seu potencial de recuperação.

A família Siegel mora na região de New Haven. Bernie e sua mulher Bobbie Siegel são co-autores de vários artigos e têm cinco filhos. Além de numerosos interesses, a família também se dedica a animais de estimação. Sua casa é um misto de galeria de arte da família, zoológico, museu e oficina de carros.

Em 1986, foi publicado seu primeiro livro, *Amor, medicina e milagres* e, em 1989, o segundo, *Paz, amor e cura*, publicado pela Summus. Esses eventos redirecionaram a vida de Bernie Siegel. Está agora empenhado em humanizar os serviços médicos e a formação médica, e em chamar a atenção dos profissionais da área de saúde para a ligação mente-corpo. Bernie viaja muito com Bobbie para realizar conferências e dirigir *workshops*, ensinando suas técnicas e compartilhando suas experiências.

Ele prevê que, em uma década, os efeitos da consciência nos seres humanos e na matéria serão um fato científico aceito, e que os pacientes serão participantes ativos nos cuidados com a saúde das próximas gerações.

# Leia também

### PAZ, AMOR E CURA
#### Um estudo sobre a relação corpo-mente
Bernie Siegel

O autor inspira-se em histórias de pacientes que conseguiram a cura ou o retrocesso de gravissimas enfermidades. Especialista em atendimento de pacientes terminais, profundamente dedicado à melhoria da qualidade de vida desses pacientes, ele confirma a importância da meditação, visualização e relaxamento na cura de doenças, bem como a influência benéfica do amor, alegria e paz de espírito.
REF. 558

---

### RESGATANDO O VIVER
#### Psico-oncologia no Brasil
Maria Margarida M. J. de Carvalho (org.)

Enriquecendo ainda mais a sua já extensa bibliografia sobre o assunto, a Summus publica um apanhado sobre os modelos desenvolvidos no Brasil no campo da psico-oncologia. São apresentados relatos sobre os serviços hospitalares e de grupos de apoio particulares de diversas partes do país, bem como pesquisas sobre tópicos relevantes e análise das dificuldades sociais, culturais e econômicas. Um livro de leitura fácil, ao mesmo tempo didático e comovente.
REF. 665

---

### A FAMÍLIA E A CURA
#### O método Simonton para famílias que enfrentam uma doença
Stephanie Matthews-Simonton

Neste livro, a autora, uma expert no campo das causas psicológicas e tratamentos do câncer, apresenta uma abordagem positiva de como as famílias podem trabalhar juntas para criar um ambiente terapêutico quando algum de seus membros é atingido por uma doença grave. Uma aplicação do metodo Simonton já utilizado com sucesso em Com a vida de novo.
REF. 067

---

### BRIGANDO PELA VIDA
#### Aspectos emocionais do câncer
Lawrence LeShan

Após duas décadas de pesquisas e trabalho psicoterapêutico com pacientes de câncer, o autor apresenta novas evidências e insights surpreendentes sobre as razões que levam algumas pessoas a adquirir o câncer e outras não, e por que algumas são capazes de ter sucesso na luta por sua vida enquanto outras sucumbem rapidamente à doença. Ele demonstra que pelo autoconhecimento é possível evitar a doença ou enfrentá-la com mais determinação.
REF. 449

---

### O CÂNCER COMO PONTO DE MUTAÇÃO
#### Um manual para pessoas com câncer, seus familiares e profissionais de saúde
Lawrence LeShan

Que estilo de vida faria você se levantar feliz ao acordar e ir para a cama contente à noite? Perguntas como esta são feitas pelo autor aos seus pacientes de câncer, com o objetivo de ajudá-los a perceber os possíveis "pontos de mutação" que podem transformar sua vida e a resposta aos seus tratamentos. Um livro agradável de ler com sugestões objetivas para doentes e profissionais da área.
REF. 393

## CARTAS DE UM SOBREVIVENTE
**O caminho da cura através da transformação interior**
O. Carl Simonton e Reid M. Henson com Brenda Hampton

Esta obra mostra a continuidade do trabalho de Carl Simonton, descrito no já consagrado Com a vida de novo, acrescido da cartas-depoimento de uma pessoa que passou pelo programa. É uma versão atualizada da abordagem do Centro Simonton que envolve os processos físicos, mentais e espirituais do paciente de câncer, colaborando de forma poderosa para o seu tratamento.
REF. 416

## COM A VIDA DE NOVO
**Uma abordagem de auto-ajuda para pacientes com câncer**
O. Carl Simonton, Stephanie Matthews-Simonton e James L. Creighton

Técnicas de auto-ajuda para complementar os tratamentos usuais do câncer. Por meio de uma verdadeira mobilização para uma luta emocional, este método tem obtido excelentes resultados controlando o estresse e outros fatores psicológicos que contribuem para desencadear e desenvolver a doença e que muitas vezes são deixados em segundo plano ou esquecidos pelos médicos.
REF. 306

## A IMAGINAÇÃO NA CURA
**Xamanismo e medicina moderna**
Jeanne Achterberg

A autora traça uma linha de comparação entre as práticas dos antigos curadores com uma série de procedimentos recomendados pela medicina moderna. Associando cuidados científicos e sensibilidade, este livro mostra como o uso sistemático de imagens pode auxiliar os pacientes durante eventos dolorosos como o parto, tratamento de queimaduras ou até mesmo exercendo uma influência positiva no tratamento do câncer.
REF. 489

## O PACIENTE COMO SER HUMANO
Rachel Naomi Remen

Onde está o lado positivo do paciente? Um apelo aos médicos e doentes para que tomem consciência de suas forças interiores e de suas capacidades: a coragem, a sabedoria, o humor, a criatividade e, acima de tudo, a imaginação. Estas forças servirão de apoio para a recuperação do bem-estar físico e mental, e médicos e pacientes nela encontrarão fontes de auto-alimentação, motivação renovada e uma forma de combate ao estresse emocional.
REF. 418

## DESFAZENDO MITOS
**Sexualidade e câncer**
Sandra Megrich Segall

Uma pergunta se coloca para os pacientes atingidos pelo câncer: como viverei, mesmo com a doença sob controle? Como será minha vida? Pacientes e médicos evitam tocar no assunto e este livro pretende preencher esta lacuna, facilitando a retomada da vida afetiva e sexual.
REF. 444

## RECONSTRUINDO UMA VIDA
**Os caminhos do corpo e da alma ao longo de um transplante de fígado**
Gerônima Aznar e Edith M. Elek

É a narrativa sincera e comovente da autora sobre sua própria experiência, desde a descoberta do câncer no fígado até um ano após o transplante, única alternativa para o seu caso. Paralelamente ao tratamento, Gerônima fez terapia de apoio promovendo transformações em sua vida, e esse trabalho é comentado pelo terapeuta ao longo do livro. Uma leitura emocionante para se refletir sobre a questão corpo-mente.
REF. 501

Impresso na
**press grafic
editora e gráfica ltda.**
Rua Barra do Tibagi, 444 - Bom Retiro
Cep 01128 - Telefone: 221-8317

----- dobre aqui ------------

ISR 40-2146/83
UP AC CENTRAL
DR/São Paulo

## CARTA RESPOSTA
## NÃO É NECESSÁRIO SELAR

O selo será pago por

**summus** *editorial*

05999-999 São Paulo-SP

----- dobre aqui ------------

VIVER BEM APESAR DE TUDO

**summus editorial**

## CADASTRO PARA MALA-DIRETA

Recorte ou reproduza esta ficha de cadastro, envie completamente preenchida por correio ou fax,
e receba informações atualizadas sobre nossos livros.

Nome:_____ Empresa:_____

Endereço: ☐ Res. ☐ Coml. _____ Bairro:_____

CEP: _____-_____ Cidade: _____ Estado: _____ Tel.: ( ) _____

Fax: ( ) _____ E-mail: _____ Data de nascimento: _____

Profissão:_____ Professor? ☐ Sim ☐ Não Disciplina: _____

**1. Você compra livros:**

☐ Livrarias ☐ Feiras
☐ Telefone ☐ Correios
☐ Internet ☐ Outros. Especificar:_____

**2. Onde você comprou este livro?**

_____

**3. Você busca informações para adquirir livros:**

☐ Jornais ☐ Amigos
☐ Revistas ☐ Internet
☐ Professores ☐ Outros. Especificar:_____

**4. Áreas de interesse:**

☐ Educação ☐ Administração, RH
☐ Psicologia ☐ Comunicação
☐ Corpo, Movimento, Saúde ☐ Literatura, Poesia, Ensaios
☐ Comportamento ☐ Viagens, Hobby, Lazer
☐ PNL (Programação Neurolingüística)

**5. Nestas áreas, alguma sugestão para novos títulos?**

_____

**6. Gostaria de receber o catálogo da editora?** ☐ Sim ☐ Não

**7. Gostaria de receber o Informativo Summus?** ☐ Sim ☐ Não

### Indique um amigo que gostaria de receber a nossa mala-direta

Nome:_____ Empresa:_____

Endereço: ☐ Res. ☐ Coml. _____ Bairro:_____

CEP: _____-_____ Cidade: _____ Estado: _____ Tel.: ( ) _____

Fax: ( ) _____ E-mail: _____ Data de nascimento: _____

Profissão:_____ Professor? ☐ Sim ☐ Não Disciplina: _____

**summus editorial**
Rua Cardoso de Almeida, 1287 05013-001 São Paulo - SP Brasil Tel (011) 3872 3322 Fax (011) 3872 7476
Internet: http://www.summus.com.br    e-mail: summus@summus.com.br

cole aqui